上好46堂廉政课

于立志◎编著

中国出版集团 | 全国百佳图书
中国民主法制出版社 | 出版单位

图书在版编目（CIP）数据

上好46堂廉政课 / 于立志编著. — 北京：中国民主
法制出版社，2024.4

ISBN 978-7-5162-3561-4

Ⅰ.①上… Ⅱ.①于… Ⅲ.①中国共产党—廉政建设
—学习参考资料 Ⅳ.①D261.3

中国国家版本馆CIP数据核字（2024）第059247号

图书出品人：刘海涛

出版统筹：石　松

责任编辑：张佳彬　李婷婷

书　　名/上好46堂廉政课

作　　者/于立志　编著

出版·发行/中国民主法制出版社

地址/北京市丰台区右安门外玉林里7号（100069）

电话/（010）63055259（总编室）　63058068　63057714（营销中心）

传真/（010）63055259

http：//www.npcpub.com

E-mail：mzfz@npcpub.com

经销/新华书店

开本/16开　690mm×980mm

印张/15　字数/145千字

版本/2024年4月第1版　2024年4月第1次印刷

印刷/北京文昌阁彩色印刷有限责任公司

书号/ISBN 978-7-5162-3561-4

定价/48.00元

编写说明

2024年1月8日，习近平总书记在二十届中央纪委三次全会上发表重要讲话强调，"以学习贯彻新修订的纪律处分条例为契机，在全党开展一次集中性纪律教育"。2024年4月，中共中央办公厅印发《关于在全党开展党纪学习教育的通知》，决定自2024年4月至7月，在全党开展党纪学习教育。

《上好46堂廉政课》以习近平总书记关于党的自我革命的重要思想为指导，分为上、中、下三篇，包括"将自我革命进行到底""心存敬畏不敢腐""制约权力不能腐""增强不想腐的自觉""公私分明品自高""严守纪律不逾矩"等46篇政论性文章，事理融合、义正词严、深入浅出、文笔流畅，旨在引导广大党员干部增强纪律规矩意识，真正做到知敬畏、存戒惧、守底线，营造风清气正的政治生态。

目 录

上篇　**吹冲锋号**
　　　　推进自我革命

中篇 常破"心中贼"
战胜"围猎"

下篇 **恪守廉洁
保持本色**

吹冲锋号　推进自我革命

腐败是危害党的生命力和战斗力的最大毒瘤，反腐败是最彻底的自我革命。只要存在腐败问题产生的土壤和条件，反腐败斗争就一刻不能停，必须永远吹冲锋号。

——2022年10月16日，习近平在中国共产党第二十次全国代表大会上的报告

永远吹冲锋号

　　全球政党有数千个，超过百年历史的仅有数十个，能够长期执政的更是凤毛麟角。让一个大党时刻保持初心，功成名就时做到居安思危、保持创业初期那种励精图治的精神状态，执掌政权后做到节俭内敛、敬终如始，承平时期严以治吏、防腐戒奢，重大变革关头顺乎潮流、顺应民心，无疑是一个严峻的考验。

　　勇于自我革命是我们党最鲜明的品格。党的自我革命，根本意义在于"敢于刀刃向内，敢于刮骨疗伤，敢于壮士断腕，防止祸起萧墙"，以解决好自身存在的问题。复兴使命擂战鼓，不忘初心再出发。党的十八大以来，以习近平同志为核心的党中央以"得罪千百人、不负十四亿"的使命担当，以猛药去疴、重典治乱的决心勇气，坚持"老虎""苍蝇"一起打，正风肃纪驰而不息，形成了反腐败斗争压倒性态势，使不敢腐的震慑作用得到发挥，不能腐、不想腐的效应初步显现，探索出依靠党的自我革命跳出历史周期率的成功路径，在党史、新中国史、改革开放史、社会主义发展史和中华民族发展史上写下光辉一页，党心民心为之一振，党风政风为之一新。

党的十八大以来至2022年6月，全国纪检监察机关共立案审查调查451.6万件，处分443.9万人。腐败分子闻风丧胆，贪腐之风明显得到遏止，不敢腐的震慑充分彰显。

永远吹冲锋号，是持续推进党风廉政建设和反腐败斗争的最强音。我们不可能鸣金收兵，将保持永远在路上的清醒和坚定，坚定不移"打虎""拍蝇""猎狐"。"雪虐风饕愈凛然，花中气节最高坚。"习近平总书记以"明者因时而变，知者随事而制"的政治智慧和"急则治标，缓则治本"的辩证思维，确立了现阶段以治标为主，为治本赢得时间、创造条件的战略决策；立足于反腐败斗争永远在路上的科学判断，提出了从不敢腐、不能腐到不想腐的反腐败基本战略，从根本上解决了新时代反腐败工作"桥"和"船"的问题，实现了反腐败斗争扎实稳步推进，全面从严治党取得显著成效，党内政治生活呈现新的气象。

永远吹冲锋号，是一个与腐败分子势不两立的庄严宣言。中国共产党与腐败水火不容。永远吹冲锋号就是向世人公开宣告，不要指望我们会对腐败分子手下留情、网开一面，我们绝不会养痈遗患、姑息养奸。坚持重遏制、强高压、长震慑，坚持受贿行贿一起查，继续保持严打"老虎"势头不放松，重点审查政治问题和腐败问题交织、不收敛不收手、问题线索反映集中、群众反映强烈、现在重要岗位且可能还要提拔使用的领导干部，始终保持反腐败高压态势。

永远吹冲锋号，是全面从严治党的奋进姿态。腐败问题不是一朝一夕形成的，激浊扬清也绝非一日之功。必须以永远在路上的执着推动全面从严治党向纵深发展，反腐惩恶，利剑高悬，正风肃纪，坚决打赢反腐败这场输不起的斗争。必须坚持严的主基调不动摇，突出重点严抓严治，紧盯问题彻查整改，将严的标准、严的举措坚决有力贯彻下去。坚持零容忍的态度不变、猛药去疴的决心不减、刮骨疗毒的勇气不泄、严厉惩处的尺度不松，让那些想搞腐败的人断了念头、搞了腐败的人付出代价。大力营造风清气正的政治生态，关键在"从严"。"严"字当头，坚持严的标准、采取严的举措，真正做到要求严、措施严，对上严、对下严，对事严、对人严，把从严的要求落实到党的建设各个方面。强化治理，针对党的建设存在的突出问题，拿出务实管用的措施，具体地落实到位。

将自我革命进行到底

习近平总书记关于党的自我革命的重要思想，凝结了新时代全面从严治党丰富实践经验和重要理论成果，指引百年大党开辟了自我革命的新境界，是习近平新时代中国特色社会主义思想的新篇章，标志着我们党对马克思主义政党建设规律、共产党执政规律的认识达到新高度，为新时代新征程深入推进全面从严治党、党风廉政建设和反腐败斗争提供了根本遵循。

自我革命是我们党解决自身问题的关键路径，能够使党"多次在危难之际重新奋起、失误之后拨乱反正"，在历史发展中永葆生机活力。1945 年春，党的七大在延安杨家岭的中央大礼堂召开，会场墙壁的旗座上写着八个字："坚持真理，修正错误。"从八七会议、古田会议、遵义会议到延安整风，从党的十一届三中全会拨乱反正，再到新时代全面从严治党，我们党正是通过一次次自我革命砥砺前行的。

中国共产党代表中国最广大人民的根本利益，没有自己的特殊利益，这是我们党敢于自我革命的勇气之源、底气所在。习近平总书记强调："我们党之所以有自我革命的勇气，是因为我们党除了国家、民族、人民的利益，没有任何自己的特殊利益。不谋私利才能谋根本、谋大利，才能从党的性质和根本宗旨出发，从人民根本利益出发，检视自己；才能不掩饰缺点、不回避问题、不文过饰非，有缺点克服缺点，有问题解决问题，有错误承认并纠正错误。要兴党强党，就必须以勇于自我革命精神打造和锤炼自己。只有努力在革故鼎新、守正出新中实现自身跨越，才能不断给党和人民事业注入生机活力。""在百年奋斗历程中，党领导人民取得一个又一个伟大成就、战胜一个又一个艰难险阻，历经千锤百炼仍朝气蓬勃，得到人民群众支持和拥护，原因就在于党敢于直面自身存在的问题，勇于自我革命，始终保持先进性和纯洁性，不断增强创造力、凝聚力、战斗力，永葆马克思主义政党本色。"

在党的十九届六中全会第二次全体会议上，习近平总书记郑重指出："我们党历史这么长、规模这么大、执政这么久，如何跳出治乱兴衰的历史周期率？毛泽东同志在延安的窑洞里给出了第一个答案，这就是'只有让人民来监督政府，政府才不敢松懈'。经过百年奋斗特别是党的十八大以来新的实践，我们党又给出了第二个答案，这就是自我革命。"人民监督是外在约束，要求我们党必须时刻保持人民性；自我革命是内在自觉，要求我们主动践行初心使命，不断适应人民需要。勇于自我革命、彻底的自我革命彰显了我们党的鲜明品格，也是区别于其他政党的显著标志与独特标识，昭示中国共产党人的清醒和坚定。

保持先进性、纯洁性的马克思主义政党是在不断自我革命中淬炼而成的。"惟以改过为能，不以无过为贵。"列宁说过："公开承认错误，揭露犯错误的原因，分析产生错误的环境，仔细讨论改正错误的方法——这才是一个郑重的党的标志。"我们党的伟大不在于不犯错误，而在于从不讳疾忌医，敢于直面问题，勇于自我革命。中国共产党走过的百年征程，就是一部荡涤尘埃、激浊扬清的自我革命史——通过坚决纠正党内错误倾向、坚决整顿党的纪律作风、坚决清除党内腐败分子来革除自身的病症。

党的十八大以来，以习近平同志为核心的党中央以"我将无我，不负人民"的使命担当正风肃纪反腐，以壮士断腕的决心意志"打虎""拍蝇""猎狐"，消除了党、国家、军队内部存在的严重隐患，攻克了一些顽瘴痼疾，使党在革命性锻造中更加坚强，焕发出新的强大生机活力。

新的历史条件下，必须以赶考的清醒和坚定推进自我革命，让初心永不褪色。党的初心使命和人民立场使我们党最有底气和勇气进行自我革命，党的崇高追求、党和人民事业发展需要我们党坚持不懈将自我革命进行到底。党的二十大报告指出："腐败是危害党的生命力和战斗力的最大毒瘤，反腐败是最彻底的自我革命。"2024年1月8日，习近平总书记在二十届中央纪委三次全会上强调，以永远在路上的坚韧和执着，精准发力、持续发力，坚决打赢反腐败斗争攻坚战持久战。这一宣示，再次鲜明展现了我们党以彻底的自我革命精神将反腐败斗争进行到底的如磐意志和坚强定力。

当前，世界百年未有之大变局加速演进，外部环境复杂严峻，改革发展任务艰巨繁重，党能否永葆自我革命精神十分关键。自我革命首先需要敢于正视问题、敢于自我否定、敢于自我批判。自我革命，意味着刀刃向内、刮骨疗毒，犹如拿起手术刀给自己动手术，这无疑是痛苦和艰难的，它需要以"刀刃向内、自剜腐肉"的坚定意志和顽强决心作支撑。习近平总书记强调："自我革命关键要有正视问题的自觉和刀刃向内的勇气。"

党的自我革命，是我们党不断进行全面自我改造，坚持自我净化、自我完善、自我革新、自我提高，持续增强党的先进性和纯洁性的长期过程。党的自我革命任重而道远，决不能有歇歇脚、缓口气的想法，"反腐败绝对不能回头、不能松懈、不能慈悲，必须永远吹冲锋号"。

一个政党拥有的理想越远大，从事的事业越宏大，进行的斗争越伟大，对自我革命的要求就越高，对自身的本领要求就越高。2024年1月8日，习近平总书记在二十届中央纪委三次全会上突出强调"九个以"的实践要求，即：以坚持党中央集中统一领导为根本保证，以引领伟大社会革命为根本目的，以习近平新时代中国特色社会主义思想为根本遵循，以跳出历史周期率为战略目标，以解决大党独有难题为主攻方向，以健全全面从严治党体系为有效途径，以锻造坚强组织、建设过硬队伍为重要着力点，以正风肃纪反腐为重要抓手，以自我监督和人民监督相结合为强大动力。各级党组织和党员干部要把深学细悟习近平总书记关于自我革命的重要思想的深刻内涵作为重要政治任务，以永远在路上的坚韧和执着，把党的自我革命进行到底，赢来海晏河清、朗朗乾坤。

一体推进"三不腐"

　　坚持一体推进不敢腐、不能腐、不想腐，是习近平总书记关于党的自我革命的重要思想的伟大实践，是新征程反腐败斗争总的要求的重要内容。一体推进不敢腐、不能腐、不想腐，不仅是反腐败斗争的基本方针，也是新时代全面从严治党的重要方略。

　　一体推进"三不腐"，蕴含着党对反腐败斗争依然严峻复杂的形势和变化规律的清醒认识和准确把握，是在反腐败斗争中形成的马克思主义反腐败理论创新成果，蕴含着丰富的实践要求。党的十八大以来，习近平总书记多次就一体推进"三不腐"作出重要论述。习近平总书记明确提出，要"推动形成不敢腐、不能腐、不想腐的有效机制""强化不敢腐的震慑，扎牢不能腐的笼子，增强不想腐的自觉，通过不懈努力换来海晏河清、朗朗乾坤"。面对严峻复杂的反腐败形势，党中央治标先行，严厉惩治腐败分子，刹住了一些多年未刹住的歪风邪气，解决了许多长期没有解决的顽瘴痼疾，为治本赢得了时间，营造了环境。

反腐败是最彻底的自我革命。"新松恨不高千尺，恶竹应须斩万竿。"我们要全面打赢反腐败斗争攻坚战持久战，就必须提高一体推进不敢腐、不能腐、不想腐的能力，同损害党的纯洁性的病原体作斗争。从不敢腐、不能腐到不想腐，这是一个从侧重治标到标本兼治、从外部高压到自律自觉的过程。实践证明，不敢腐是不能腐、不想腐的前提，不能腐是不敢腐、不想腐的保障，不想腐是不敢腐、不能腐的升华和目标，一体推进"三不腐"体制机制贯穿着纪律、法律、制度、规矩、理想、道德要求，是一个整体，相互融合、交互作用、有机统一。

加强领导，持续强化不敢腐的震慑，发挥治标功能。利剑高悬，雷霆万钧。习近平总书记指出："我们强调的不敢腐，侧重于惩治和威慑，坚持什么问题突出就重点解决什么问题，让意欲腐败者在带电的高压线面前不敢越雷池半步。"不敢腐的惩治主要发挥治标功能，重遏制、强高压、长震慑，坚持受贿行贿一起查，敢于刀刃向内、刮骨疗毒，敢于猛药去疴、壮士断腕，不论地区领域，不论在职退休，该开刀就开刀。只有管住"关键少数"，反腐败才有震慑力和说服力。

加强指导，切实扎牢不能腐的笼子，发挥规范功能。习近平总书记指出："我们强调的不能腐，侧重于制约和监督，扎紧制度笼子，让胆敢腐败者在严格监督中无机可乘。"我们要把不能腐的笼子越扎越牢，形成一整套比较完善的党内法规体系和反腐败法律体系，压缩腐败分子的苟活空间，让他们腐败的机会越来越少，成本越来越高。要合理确定权力归属，划清权力边界，厘清权力清单，明确什么权能用、什么权不能用，强化权力流程控制，压缩自由裁量空间，杜绝各种暗箱操作，把权力运行置于党组织和人民群众的监督之下。要通过改革和制度创新切断利益输送链条，铲除领导干部被"围猎"这个腐败"污染源"，加强对权力运行的制约和监督，形成有效管用的体制机制，防范和治理腐败问题。

为有效堵塞"一把手"权力运行制度漏洞，吉林省纪委监委协助省委制定意见，把横向"改"与纵向"治"有机结合。横向上，针对"一把手"违纪违法案件，建立监督检查、审查调查部门协作机制，立案之初就共同研究制订以案促改方案，提出"靶向"建议，督促发案单位具体整改。纵向上，选取党的十九大以来查处的省直厅（局）长、市县党委书记、国有企业负责人等"一把手"典型案例进行专项分析，针对共性问题，提出制定党委（党组）书记权力清单、健全完善重大事项报告和干部选拔任用全程纪实制度等46条整改建议，自上而下推动开展行业、系统、领域专项治理。

加强引导，不断增强不想腐的自觉，发挥治本功能。习近平总书记指出："我们强调的不想腐，侧重于教育和引导，着眼于产生问题的深层原因，对症下药、综合施策，让人从思想源头上消除贪腐之念。"不想腐要靠加强理想信念教育，靠提高党性觉悟，靠涵养廉洁文化，夯实不忘初心、牢记使命的思想根基，从思想源头上消除贪腐之念。要加强对广大党员领导干部的思想道德和党纪国法教育，对全体党员和国家公职人员进行反腐倡廉教育，增强拒腐防变能力。通过树立宣传先进典型，发挥榜样的引领作用。通过发挥纪委的办案优势，及时剖析违纪违法典型，经常开展警示教育，防止腐败问题继续扩大。在一体推进"三不腐"的过程中，必须充分发挥教育全局性、根本性的作用，构建覆盖全社会的、系统的廉洁教育体系。

反腐败是个复杂的系统工程，需要多方齐管，综合治理。不敢腐、不能腐、不想腐是一个有机统一的整体，必须糅合在一起，统筹联动，增强整体效果。"三不腐"不是三个阶段的划分，也不是三个环节的割裂，必须打通三者内在联系，三者同时发力、同向发力、综合发力，把不敢腐的强大震慑效能、不能腐的刚性制度约束、不想腐的思想教育优势融于一体，相互穿插，彼此补充，协同推进，在实施过程中相互促进、在工作成效上相得益彰，形成"1+1+1>3"的合力效应，实现"查处一案、警示一片、治理一方"的综合效果。如果缺少协同发力，就容易出现"树倒根存"的现象。

党委牵头成立常态化、制度化的反腐败协调小组，承担一体推进"三不腐"的组织协调任务。反腐败协调小组的成员应来自各个反腐败机构，同时明确划分责任，建立信息共享、线索互用和沟通协作等机制，推动纪法衔接、惩防衔接。

要以严明的纪律抓好"关键少数"，控制住腐败问题上游"污染源"。扎实开展巡视巡察工作，高悬利剑强化不敢腐，用巡视巡察的成果促进不能腐，通过巡视巡察净化党内政治生态，促进不想腐。在查处案例的同时，以案促改，健全制度。扎实做好以案促教工作，及时剖析案例，进行警示教育，以案说法，通过典型案例、身边案例警示党员，使其保持共产党员的本色和初心。

以严的基调审查违纪案件

　　2024年1月25日，中央纪委国家监委通报2023年全国纪检监察机关监督检查、审查调查情况。2023年，全国纪检监察机关共立案62.6万件，处分61万人；全国纪检监察机关运用"四种形态"批评教育和处理171.8万人次，其中运用第三种形态处理6.4万人次，运用第四种形态处理6.6万人次。

　　一些领导干部利用手中的权力，在决策、承包、租赁和经营等业务中，挪用、侵占、贪污企业资金、收受索取贿赂，涉案人员多，案犯层次高，违纪金额大，而且违纪者事前都有反审查准备，多数违纪案件都有攻守同盟。要坚持严的基调不动摇，突出重点严抓严管不减，刮骨疗毒的勇气不泄。要坚持无禁区、全覆盖、零容忍，坚持重遏制、强高压、长震慑，坚持受贿行贿一起查，将严的标准、严的措施坚决贯彻下去。机关纪检组织对于查处违纪案件必须精心组织，加大力度，强化措施，敢于碰硬，讲究策略，务求实效。

第一，见微知著，找准缺口，主动出击。犯罪嫌疑人的犯罪活动一般隐蔽较深，采取了多种蒙骗手段，以求"天衣无缝"。但狐狸再狡猾也斗不过好猎手，总是有巢穴可觅的。只要我们擦亮眼睛，多多观察，认真分析，透过现象看本质，就会发现他们在违纪过程中存在的易于攻破的薄弱部位，找到他们违纪的规律。在纪律审查的实践中，通常的做法是首先进行初查，了解情况，找出破绽，选准突破口，发现确有违纪问题后马上立案，然后调查取证，穷追不舍。某公司在查办一名处级干部受贿问题时，从知情人那里得知其妻在春节前存款一万元的情况，经过分析，认为其妻是个薄弱部位，于是突然将其妻找来询问，其妻就按预先商量的口径，称这笔钱是为其叔代存的。在继续询问她的同时，公司派人去其叔处调查核实，其叔不明所以，矢口否认让其存款之事。这一证词使她不得不交代丈夫受贿的问题。事实证明，找准突破口是突破全案的关键，因而，只要我们选准缺口，主动出击，顺藤摸瓜，就能够使案件取得突破性进展，腐败分子就会暴露于光天化日之下，技穷于庄严的党纪国法面前。

第二，把握心态，找准原因，政策攻心。违纪者在作案前、作案中和案发后，其心理状态不尽相同。有些人存在"有钱就有一切"的心理，"有权不用过期作废"的心理，乘机浑水摸鱼的心理，贪婪、胆大妄为的心理，惧怕严惩、矛盾重重的心理，掩饰错误的心理。查处大案要案，须针对不同的心态运用不同的谋略和方法。纪检人员进行纪律审查的主要手段就是调查，不能采取规定以外的诸如公安、司法部门的侦察手段，因而政策攻心是一种很重要的谋略。在与违纪者谈话前，对其文化、经历、阅历、性格要有所了解，对谈什么问题、采取怎样的谈话方式、违纪者可能出现的心态，要有充分准备。

在与违纪人员的较量中，应巧妙地把握时机，掌握其心理，根据不同的对象采取不同的方法。对存有矛盾心理的违纪人员，坚持用政策攻心，晓以利害，促其在政策和良知的感召下，在利害的权衡下说实话、出真证，争取宽大处理；对死顶硬抗的违纪人员，用典型案件阐明政策，让其看到纪检人员不弄清事情真相誓不罢休的坚决态度，指出他们这么做的严重性和可能出现的严重后果，使其放弃侥幸心理。事实证明，把握时机，掌握心理，实施政策攻心战术，有的放矢，触其痛处，分化瓦解，是破获大案要案的成功之道。

第三，突出"快"字，赢得主动，速战速决。良好的通信设备在为人们的工作、生产生活提供方便的同时，也为违纪分子作案和反调查所利用。如果查处案件行动迟缓，势必贻误战机。因此，纪律审查工作同样要突出"快"字，出其不意，攻其不备，出奇制胜，速战速决。应始终坚持案件信息处理快，着手审查行动快，集中力量核查快，案件审理速度快，不给被查者以串供、翻供和做手脚的机会。这样做，纪律审查效率高，就会使群众增强对党的信赖，坚定反腐败的信心，避免了审查周期过长、牵扯力量过多、群众不满意的问题。捕捉战机，以快取胜，非常重要。稍纵即逝的战机往往预示着一次转折，抓住了，速战速决，就能变被动为主动，化不利为有利，收到事半功倍的效果。

第四，联手审查，优势互补，各个击破。当纪检人员用正面询问方式不易得到真实答案时，就不必针锋相对，而须审时度势，忖度对方心理，用温和而曲折、委婉而含蓄的方法从侧面调查。如果对方自尊心很强，就不必马上切入正题，可用谈心方式进行交流，让对方没有受审的感觉。这样，对方在受到纪检人员尊重又没有任何思想压力的情况下，容易主动说明问题。如果对方自卑心理很强，就更不能声色俱厉，而应用温和的语气委婉说明来意，并对他的优点给予肯定，使其愿意回答提问。如果对方顾虑重重，怕所谈内容传出去对自己不利，调查谈话出现僵局时，纪检人员应先采取漫谈、聊天等迂回方式，将话题引向双方共同熟悉的人和事上，或共同感兴趣的问题上，使对方解除思想压力，对纪检人员产生信任感，然后逐渐把谈话引入正题，使双方在搞清事实方面取得共识，使问题迎刃而解。

有些违纪人员有反调查的准备，因此，当纪检人员找其谈话时通常表现比较强硬，或是坦然自若，往往形成对峙状态，这就需要避其锐气，不和他正面交锋，待其疲惫、焦心时予以攻击。在调查过程中，还可以运用已掌握的证据旁敲侧击，使违纪人员不知虚实，不得不如实交代问题，包括我们尚未掌握的线索。

有些案件盘根错节，涉及人员多，作案手段诡秘狡猾，违纪人员反侦察能力强，因此，纪检人员要主动及时向党政主要领导汇报，取得领导支持。在坚持行使纪律审查职能的基础上，树立反腐败一盘棋的思想。一方面，应主动做好与财务、审计等部门的协调工作，加强联系，从中发现问题线索。如果查案过程中遇到账目方面的难题，就请他们参与，发挥各自的专业优势。另一方面，应在纪律审查的总体部署、突破口选择、对重要当事人调查、对违纪人员审讯等重大原则问题和关键环节上，听取各部门意见，大胆决策，审慎从事，主动协调。

把纪律和规矩挺在前面

　　党的十八大以来，以习近平同志为核心的党中央高度重视纪律建设，坚持纪严于法、执纪执法贯通，深化运用"四种形态"，把严守政治纪律和政治规矩放在首位，发挥纪律建设标本兼治的利器作用；制定《关于新形势下党内政治生活的若干准则》，修订《中国共产党党内监督条例》《中国共产党纪律处分条例》等，以有纪可依、执纪必严、违纪必究的有力行动，推动全党形成遵规守纪的浓厚氛围。

　　党的纪律是建立在社会公德和职业道德基础之上的，是对共产党员这个先进群体的特殊要求。作为党员、干部，必须在国家法律以及各种规章、规范内行事，同时必须遵守党的纪律，切实把纪律挺在前面，立起来、严起来。突出严的基调深化党的纪律建设，以学习贯彻新修订的纪律处分条例为契机，认真组织开展纪律教育，规范运用"四种形态"严格纪律执行，增强"四个意识"、坚定"四个自信"、做到"两个维护"。

党的纪律是由党的性质决定的，是各种党内规范的总称，是党的各级组织和全体党员必须遵守的政治生活准则和言论、行动的规范。党的纪律包括政治纪律、组织纪律、廉洁纪律、群众纪律等方面的内容。事实证明，只有严明党纪，才能把党员干部队伍建设得坚强有力，富有纯洁性、先进性和战斗力，才能无往而不胜。严明党的纪律和规矩，就是在营造一种自律与他律相结合的组织文化，是在为党员干部制造一种通用的"防腐抗体"。党的纪律和规矩是党员干部确保坚守事业安全线和人生幸福线的"政治保单"。

全面从严治党是新时代党的自我革命的伟大实践。把纪律和规矩挺在前面，是党的建设、全面从严治党的治本之策。全面从严治党与严明党的纪律具有内在统一性。许多事实说明，一些党员干部不廉洁，往往始于不守纪律、破坏规矩。如果长期纪律规矩不严，不仅全面从严治党无从谈起，就连整个党也会逐渐松散下去，成为一盘散沙，最后甚至垮掉。可以说，抓住了党的纪律建设，也就找到了推进全面从严治党的着力点。守住纪律这条底线，纪律严明、执纪有力，教育才有说服力、制度才有约束力、监督才有制衡力，才能从源头上防治腐败。

什么叫把纪律和规矩挺在前面？就是执行纪律要严，而且要着眼于经常，抓早抓小。在党员干部出现一点小问题时，就早发现、早提醒、早处理，防止小错演变成大罪，管住从"好同志"向"阶下囚"蜕变的中间地带，从源头上阻断不正之风和腐败滋生的通道，维护好党内政治生态。

经常开展批评和自我批评，及时进行谈话提醒、批评教育、责令检查、诫勉，让"红红脸、出出汗"成为常态；党纪轻处分、组织调整成为违纪处理的大多数；党纪重处分、重大职务调整的成为少数；严重违纪涉嫌犯罪追究刑事责任的成为极少数。监督执纪"四种形态"是加强纪律建设的重要抓手，是把党的纪律挺在前面的具体路径，形成了以纪律管党治党的综合效应。让"红红脸、出出汗"成为常态，论述形象、具体明晰，体现了治党必须从严的严肃性，又透射出对党员干部的真心爱护。抓早抓小、防微杜渐，不要等到人无可挽救、事无可挽回时才解决。

《中国纪检监察报》2024年1月25日报道，2023年，全国纪检监察机关运用"四种形态"批评教育和处理171.8万人次。其中，运用第一种形态批评教育和处理109.6万人次，占总人次的63.8%；运用第二种形态处理49.2万人次，占28.6%；运用第三种形态处理6.4万人次，占3.7%；运用第四种形态处理6.6万人次，占3.9%。

中国共产党是一个有共同奋斗目标、有严密的组织和严格的纪律的政党。党的纪律一方面必须建立在自觉的基础上，广大党员要主动遵守；另一方面又离不开强制性的作用，不允许任何人有超越纪律的特权，需要通过对党内违纪行为的严肃处理来维护。党员干部队伍纪律严明、朝气蓬勃，才能无往而不胜。

党的十八大后，党中央进一步明确巡视工作定位。聚焦党风廉政建设和反腐败斗争，围绕"四个着力"发现问题，解决任务宽泛、内容发散问题。"四个着力"，即着力发现是否存在违反党的政治纪律问题，着力发现领导干部是否存在权钱交易、以权谋私、贪污贿赂、腐化堕落等违纪违法问题，着力发现是否存在形式主义、官僚主义、享乐主义和奢靡之风等问题，着力发现是否存在选人用人上的不正之风和腐败问题。

"党的规矩"的提出，丰富了党的纪律和规范体系。党的规矩的外延要比党的纪律大。纪律是成文的规矩，一些未明文列入纪律的规矩是不成文的纪律；纪律是刚性的规矩，一些未明文列入纪律的规矩是自我约束的纪律。国家法律是党员、干部必须遵守的规矩。党在长期实践中形成的优良传统和工作惯例也是重要的党内规矩，是不成文的、相对柔性的规矩，同样需要遵守。没有规矩，不成方圆。对党员领导干部来讲，党纪国法是最大的规矩。合格的共产党员必须是一个遵纪守法的模范。这是做人的刚性规范，是做事的不二铁律。严格遵守和自觉维护党的纪律和规矩，是党的力量所在、生命所系。

遵守纪律和规矩，是牢记初心、开拓前进、再续辉煌之保证，是工作之所系、大局之所需。要保持惩治腐败高压态势，坚决查处大案要案，着力解决发生在群众身边的腐败问题。要把遵守纪律和规矩作为增强党性修养的硬指标，把纪律和规矩的外在约束力转化为内在的自制力。如果把纪律和规矩视为

"纸老虎""稻草人","破纪"乃至"破法",就会滑向违法犯罪的深渊。要敬畏党纪国法,慎用权力,在遇到可能违反党纪国法的时候,有如临深渊、如履薄冰的心态,努力预防问题的发生,成为一名"畏法度的快乐者"。

习近平总书记说:"一个人纵有天大的本事,如果没有很强的法治意识、不守规矩,也不能当领导干部,这个关首先要把住。"党章第三条规定,党员必须"自觉遵守党的纪律,首先是党的政治纪律和政治规矩,模范遵守国家的法律法规,严格保守党和国家的秘密,执行党的决定,服从组织分配,积极完成党的任务"。要时刻用党章党规党纪这把尺子去量量自己的言行,牢牢守住做人、处事、用权、交友的底线,把铁的纪律真正转化为日常习惯和自觉遵循,积极与各种错误言论作斗争。

我们要以纪律处分条例为戒尺,处事讲究规矩,办事有所戒惧,千万不能触碰"高压线"。2024年1月1日起施行的《中国共产党纪律处分条例》共有158条,给出了党员和党员领导干部必须遵守的底线,一旦违背就要受到惩处。党员和党员领导干部必须严格遵守党的政治纪律、组织纪律、廉洁纪律、群众纪律、工作纪律、生活纪律,严格遵守宪法法律、党章党纪。党员干部应当心存敬畏讲规矩,有如履薄冰的谨慎态度,有战战兢兢的戒惧意念。要牢固树立纪律和规矩意识,在守纪律、讲规矩上作表率,自觉做政治上的明白人。

习近平总书记强调:"干部廉洁自律的关键在于守住底线。

只要能守住做人、处事、用权、交友的底线，就能守住党和人民交给自己的政治责任，守住自己的政治生命线，守住正确的人生价值。"要用谨慎态度来做事为官，不越雷池、依法用权、秉公用权、廉洁用权。只有这样，才能做到"任凭风浪起，稳坐钓鱼船"，确保思想上不走偏、政治上不出岔。

党员干部必须自觉遵守和维护党章，按党的规矩办事。不论担任何种职务、从事何种工作，首先要明白自己是一名在党旗下宣过誓的共产党员，要服从党的组织和党的原则，自觉接受党纪的规范和监督，用入党誓词约束自己。党内决不允许有不受党纪国法约束，甚至凌驾于党章和党组织之上的特殊党员。

推进新时代党的伟大自我革命，必须全面从严治党、严明纪律。党规党纪严于国家法律，广大党员干部要模范遵守国家法律，而且要按照党规党纪以更高标准严格要求自己。只有以严格的党规党纪来要求自己、约束自身，才能确保始终走在时代前列，肩负起历史使命。党纪严于国法，这是由党的先锋队性质决定的。我们党是中国工人阶级的先锋队，同时是中国人民和中华民族的先锋队，是由先进分子组成的政治组织，是按照自己的政治纲领、政治路线，为实现崇高的政治目标而组织起来的马克思主义政党。只有党纪严于国法，以严的标准和要求约束各级党组织和广大党员干部，才能永葆党的先锋队性质。党员干部尤其是领导干部肩负重要责任，自觉严格遵守党规党纪，是每一位党员干部的自愿选择，也是对党的庄严承诺。

要用铁的纪律全面从严治党，形成步调一致、奋发进取的强大力量。如果缺乏纪律的约束，一些人就会偏离"轨道"，各行其是，甚至"反其道而行之"，就会形成"破窗效应"，产生"反作用力"，使党组织战斗力减弱。任何人都不能用自由主义的眼光看待党的理论和路线方针政策。不得借口具体情况的差异，打着从实际出发的旗号，随心所欲地曲解党的路线方针政策，打"擦边球"，阳奉阴违。因此，必须严格执行纪律，拉起带电的"高压线"。党员干部必须在思想上政治上行动上同党中央保持高度一致，自觉维护党中央权威和集中统一领导，坚决贯彻执行党中央决策部署，决不允许上有政策、下有对策，决不允许有令不行、有禁不止，决不允许在贯彻执行中打折扣、做选择、搞变通。要坚持"老虎""苍蝇"一起打，既坚决查处党员干部违纪违法案件，又切实解决发生在群众身边的不正之风和腐败问题。那些"苍蝇"对群众利益的损害更直接，其吃拿卡要等贪赃枉法行为让人深恶痛绝，必须严格执纪、铁面问责、严加惩治。要坚持党纪国法面前没有例外，不管涉及谁，都要一查到底，决不姑息。

党政领导要以严的基调，真管真严、敢管敢严、长管长严，把严的要求、严的标准、严的措施落实到党员干部日常教育管理监督各方面。要有抛开面子、揭短亮丑的勇气，有动真碰硬、敢于交锋的精神，在大是大非面前头脑清醒、旗帜鲜明，敢于同违背原则、违规违纪、损害党中央权威的现象作坚

决斗争，敢于同一切违背事业发展大局、损害人民群众利益的
行为作坚决斗争，要露头就打，执铁规、出重拳，让各种歪风
邪气没有市场。

心存敬畏不敢腐

人如果怕招灾惹祸，做事时就有畏惧之心；有了畏惧之心，做事就会小心谨慎，就会远离祸患；远离祸患，就可以安居乐业，做事就容易成功。应当经常用"怕"字来约束自己，有一种如临深渊、如履薄冰的心态，掌实权而不揽势，居高位而不骄狂，可以避免许多矛盾和纷争。

中华文化中有"畏则不敢肆而德以成，无畏则从其所欲而及于祸"之告诫，有"有所畏者，其家必齐；无所畏者，必怠其睽"之警语，有"君子之心，常存敬畏"之箴言。没有敬畏之心，天不怕、地不怕，胆大包天、为所欲为，就会越"雷池"、闯"红灯"、踩"底线"，带来可怕的后果。明代著名清官李汰有诗云："义利源头识颇真，黄金难换腐儒贫。莫言暮夜无知者，怕塞乾坤有鬼神。"

《汉史·贾谊传》记载，为官从政有"五畏"："一曰上下相蒙，而毁誉不得其真；二曰政事苟且，且官人不任其责；三曰经费不足，而生财不得其道；四曰人才废缺，而教善不得其方；五曰刑赏失中，而心不知其所向。"《菜根谭》有言："自天子以至于庶人，未有无所畏惧而不亡者也。"要让每一名党员、干部懂得天地良心不可欺，人间正道是沧桑，牢记"手莫伸，伸手必被捉"的道理，"见善如不及，见不善如探汤"。心中无敬畏，必然导致灾难；心存敬畏，破除侥幸，才能防止思想和道德的滑坡。老一辈革命家任弼时在世时就有"三怕"：一怕工作少，二怕花钱多，三怕麻烦别人。彭德怀戎马一生，总是敢打敢拼，临危不惧，处乱不惊。当年，毛泽东亲笔书赠彭德怀："山高路远坑深，大军纵横驰奔。谁敢横刀立马？唯我彭大将军！"面对这一崇高赞誉，彭德怀惶然不敢接受，将"唯我彭大将军"改为"唯我英勇红军"，送还给毛泽东。

1952年3月，彭德怀在审阅《我们会见了彭德怀司令员》时，提出将"像长者对子弟讲话"改为"像和睦家庭中亲人谈话似的"。他给作者写信说："我是一个很渺小的人，把我写得太大了一些，使我有些害怕。"从他的这种"怕"中，我们看到了他的高大。

敬畏之心，是党员干部必须具备的人生态度和从业智慧。许多革命前辈拥有"独有英雄驱虎豹，更无豪杰怕熊罴"的大智大勇，而对公家的一草一木、群众的一针一线，却心存敬畏。在新时代，党员干部无论做人还是从业，都应保持敬畏之心，心有所畏、言有所戒、行有所止。要敬畏党纪国法，不碰带电的"高压线"，令行禁止，时时警醒自己，事事约束自己，严守从政准则，恪守职业操守；要敬畏组织，以一流的业绩回报组织的培养、赢得组织的认可，不计较个人荣辱得失，自觉抵御歪风与邪气。党员领导干部要对纪律、规矩心怀敬畏，用纪律和规矩校准思想之标、调整行为之舵、绷紧作风之弦。

有了敬畏之心，才能知道哪些事能做、哪些事不能做，确保言谈举止不逾矩。有些人以权、钱、色为贵，却鲜以"怕"为贵，不懂得成功的峰巅距失落的低谷并不遥远，结果印证了一句箴言：不自重者取辱，不自畏者招祸。

要教育领导干部心中有畏，使戒律入脑入心入行，让近几年查处的典型腐败案件作为警钟响彻耳畔。"怕"字在心中，才会自重、自省、自警、自励。有些落马的领导干部原本优秀，当初也曾"畏"家规校训，"畏"党纪国法，开拓进取，艰苦创业，然而，随着职务的升迁和地位的显赫，觉得"畏法度"不快乐了，总想成为"自由人"，贪慕虚荣走偏锋，成为"特殊人物"，于是失去了敬畏之心，变得狂妄自大、肆无忌惮，甚至贪得无厌、有恃无恐，大搞权钱交易，最终吞下自制的苦果，不仅没有得到快乐和荣耀，而且过去拥有的也失去了。

败在恃权须铭心

《说文解字》释"恃"为"赖"。赖者，依靠、依赖也。一些领导干部上任之初，能够严格要求自己，堪称优秀，后来为什么走上犯罪道路呢？这与其不正的权力观有很大关系。

有人说：权力是个好东西，好在它能提供干事的舞台；权力是个坏东西，驾驭不好就会成脱缰野马，既害己又害人；权力是个怪东西，怪就怪在它就像"有色镜"和"变色镜"，让人看不清真实的自我，以致形成权力越大优点越多、真理越多、朋友越多、亲戚越多的错觉。因此，我们要把好权、用好权，做到公正用权、谨慎用权、依法用权，防止滥用权力，为权所害。

无数事实表明，没有制约和监督的权力必然导致腐败，没有界限的权力必然导致滥用，不受约束的权力必定导致专横，甚至会导致悲剧。

有人总结说："当权力失去20%的监督时，它就蠢蠢欲动；

当权力失去40%的监督时，它就破门而出；当权力失去60%的监督时，它就铤而走险；当权力失去80%的监督时，它就敢于践踏一切法律；当权力失去100%的监督时，它就不怕上断头台。"

权力可以使人得志，也可能使人受辱。为什么有些人不对此深思，以致有恃无恐，走上不归之路呢？有些人过分相信自己手中权力的优势，过于相信自己的"后台""靠山"，怎么干都能"摆平"，于是恃权、恃才，狂妄自大，盛气凌人，最终自食恶果。

《中国纪检监察报》2021年12月8日刊载了《妄自尊大揽权 变换花样捞钱》一文，剖析了重庆市万州区生态环境局原党组书记、局长刘某严重违纪违法一案。

在担任沙河街道、双河口街道党工委书记期间，他违反民主集中制原则，直接决定将移民联户自建房等项目交由自己指定的建筑商承建。

2016年6月，刘某在双河口街道任职时的一名班子成员因违纪受到纪律处分，同年9月，刘某调任万州区环境保护局党组书记，在未经区委组织部同意的情况下，擅自将这名受处分不久的区管干部借调到下属国有公司任职，主抓环保项目。

在刘某看来，"一把手"就是"大哥"，班子成员都是他的"小弟"，他从来不遵守规章制度，仅凭谁与他关系好、对他"胃口"就提拔重用谁。刘某错把组织交付的"责任田"当作自己为所欲为的"跑马场"，把政治纪律、政治规矩抛之脑后，违规越矩，在错误的道路上越走越远。最终，2020年12月，刘某被判处有期徒刑11年，并处罚金人民币100万元。

上海医药集团原总裁吴某某因受贿、贪污、挪用公款等数罪，被判处死缓。他曾对办案人员说："看到身边的医药商人都发了大财，心里难以平衡。因此，经不起诱惑铤而走险，开始用权力换取金钱。"他将自己完全等同于一名商人，把手中的权力视为一种可以在市场上交换的资源。

吴某某在担任上药集团总裁的同时，还兼任下属新先锋药业公司和新亚药业公司的董事长、总经理，以及这两家公司下属多家企业的董事长。企业的重大决策、日常经营管理、业务审批等权力全部集中于吴某某一身，他可以任意决定企业重大事项。吴某某在案发后反思："焦点都集中在我一个人身上……所有的人力、物力、财力都由我支配，所有的体系都围绕着我转。除了责任之外，更多是一种支配欲望的膨胀，进而到了忘乎所以的地步。"

有篇文章说道：对权力的监督可以使官员变成一匹奋蹄腾飞的千里马，而对权力的放纵却可以使他变成一个为所欲为的魔鬼。领导干部面临的各种诱惑较多，是最需要监督的高危人群。要编织一张权力监督的天网，发动全社会的力量，特别是高度重视媒体监督、舆论监督和群众监督，强化网络监督，建立纪检监察网站，让监督快捷便利，将领导干部的一举一动、一言一行置于阳光下，同时监督要见实效，对违法乱纪、胡作非为的领导干部要坚决问责。

要认真解决对领导干部尤其是"一把手"的权力监督不严的问题，改变"信任代替监督"的思路。强调"问题导向"，提出"信任不能代替监督"，主张"动员千遍不如问责一次"，健全有效的权力制衡和严格的纪律约束、制度约束等他律机制，使领导干部不敢腐、不能腐、不想腐。这既是对领导干部的严格要求，也是对领导干部的关心爱护，是保证其不致变为贪官之关键。

权力制衡是拓展监督机制的关键。搞好权力制衡必须关注权力运行过程，找准权力正确运作与非轨运作的"临界点"，建立起相互作用、环环相扣的权力监督机制，形成全方位的制约网络。针对个人、部门、单位权力缺乏约束、容易产生以权谋私的现象，从强化人员分工和业务管理入手，合理调整权力实施程序，减少因权力集中而形成的监督"空白"，从客观环境上减少干部犯错误的机会。

认真落实党委主体责任、书记第一责任人责任和纪委监督责任，加强权力运行监督制约，严肃查处腐败问题，一体推进不敢腐、不能腐、不想腐。监督的意义是找毛病、查问题，监督的作用是促纠正、督改进，监督的目的是执好纪、抓蛀虫。纪检组织应当发挥主动进取、积极开拓和敢于碰硬的精神，在促进监督机制的拓展和落实中，发挥组织协调作用。纪检组织要主动提出建立和完善监督机制的建议；主动组织协调审计、财务等部门实施"全程监督"措施，主动会同有关部门落实监督制度，督促有关部门积极参与和配合；对于监督过程中遇到的问题，通过召开有关职能部门参加的联席会议，制定对策，协调动作，促使监督机制落到实处。在监督过程中，要坚持原则，对违纪行为决不让步，对腐败分子决不手软。该提醒的要及时提醒，该批评的应及时批评，该制止的须及时制止，防止权力失控、决策失误和行为失范，避免领导干部犯更大的错误。基层班子成员应当积极支持纪检监察工作，促进监督工作到位。党员干部要正确认识和虚心接受来自各方面包括媒体的监督，摆正自己的位置，正确处理个人与组织、个人与群众的关系，认真贯彻执行民主集中制原则，实行集体决策，力戒"个人说了算"。

加强对领导干部八小时之外活动情况的监督。这是对领导干部权力行使监督的一种延伸。要把监督的触角伸向领导干部的社交圈、生活圈，发现有不廉洁行为及时进行诫勉谈话，限期改正；发现违纪违法问题严肃执纪，使其不敢、不能、不想做坏事。

建立反馈机制，发挥监督的预警功能。对监督中发现的问题要查明原因、研究规律，提出源头上预防和治理的对策。建立有效渠道，及时反馈监督信息，注重运用监督成果促进教育体系和制度体系的不断完善，体现以惩促防。

整治团团伙伙

"圈子文化"，古已有之，危害甚烈矣。唐朝的牛李党争、北宋的新旧党争、明末的东林党争、清末的帝后党争，最终都使国家在党争内耗中丧失了发展机遇，加深了统治危机，留下了"朋党兴，政事乱"的历史警示。

"圈子"的本质是利益联盟，结圈之人的目的是从"圈里"获得好处：或求官位，或求钱财，或找靠山。有的人习惯拜码头、找靠山，搞人身依附，把对组织的感恩变成对个人的感恩，把党的干部变成某个人的家臣；有的人沾染江湖习气，不问原则、不讲是非，以所谓"侠义"为上，以摆平搞定为准，唯"老大"马首是瞻；有的人面对上级喜欢阿谀奉承、逢迎拍马、拉拉扯扯、吹吹拍拍、奴颜婢膝。这种圈子文化的结果就是搞山头主义、团团伙伙，拉帮结派、任人唯亲、排斥异己。

在党内搞团团伙伙，是严重违反政治纪律的行为，是封建人身依附关系和江湖帮派文化的产物，对党的事业危害极大。

习近平总书记一针见血地指出："有的干部信奉拉帮结派的'圈子文化'，整天琢磨拉关系、找门路，分析某某是谁的人，某某是谁提拔的，该同谁搞搞关系、套套近乎，看看能抱上谁的大腿。"并强调，"党内绝不允许搞团团伙伙、结党营私、拉帮结派"。"党内决不能搞封建依附那一套，决不能搞小山头、小圈子、小团伙那一套，决不能搞门客、门宦、门附那一套，搞这种东西总有一天会出事！"

"小圈子"的一个重要特点，就是以个别领导为中心，形成以秘书、亲戚、同乡、同学、战友或上下级等为链条的利益圈子。这种团团伙伙、培植私人势力的行为，具体表现为在单位内部笼络身边人、组建"个人王国"，在单位外部则网罗亲朋故友、同学、同乡，打造利益共同体，互相提携、利益输送。"小圈子"内，不法商人"围猎"党员干部，党员干部为了私利，甘心被"围猎"。他们结成功能互补、风险共担、利益均沾的"小圈子"。"小圈子"会扩张势力影响，延伸利益链条。

有的领导干部凌驾于组织之上，认为"老子天下第一"，把上级组织派他去主政的地方当成"独立王国"，搞小山头、小圈子、小宗派。有的领导干部与不法商人结交，形成利益圈子，相互利用，搞权钱交易。从揭露出的不少腐败案件看，这些"团伙"采用内部串通、内外勾结的方式合伙密谋，长期作案，形成一个官官相护的利益共同体。工程发包中作弊的有之，项目审批中分赃的有之，选拔任用中酬谢的有之，不该放行的放行，不该践踏的践踏，有计划地秘密侵吞公款，形成窝案、串案，往往是揪出一个贪官，接着是"拔出萝卜带出泥"，牵出一串贪官。作案人员一个个被拎出来，刨根究底，这些腐败分子大多是"小圈子"中的人，平日里臭味相投、沆瀣一气，谋取私利把他们拴在一起。

山西省吕梁市原副市长张某某与煤老板勾肩搭背，圈子内有11名煤炭富豪向其大额行贿，贪污受贿共计10.4亿余元，2019年5月二审维持死刑判决。

人与人如果交往过密，在利益相关的问题上，就会自觉不自觉地受感情的牵制和影响，甚至以"铁哥们"相待，就会导致以"我"为原点画圈圈、搞团团伙伙，出现妨碍作出正确处置意见，甚至泄露组织机密等严重问题。"小圈子"不可小视，一旦"小圈子"盛行，就会出现"出大力的不如抱大腿的"怪象，干部想问题、干事情的立场必将出现偏差，导致空谈淘汰实干、关系淘汰能力等逆淘汰现象。

"小圈子"已成为损害党的事业的"大毒瘤"，必须刮骨疗毒，彻底清除。习近平总书记指出："在长期实践中，党内政治生活状况总体是好的，但一个时期以来，也出现了一些亟待解决的突出矛盾和问题，……特别是高级干部中极少数人政治野心膨胀、权欲熏心，搞阳奉阴违、结党营私、团团伙伙、拉帮结派、谋取权位等政治阴谋活动。这些问题，严重侵蚀党的思想道德基础，严重破坏党的团结和集中统一，严重损害党内政治生态和党的形象，严重影响党和人民事业发展。"

"小圈子"是滋生腐败的土壤。很多落马官员的结局都给那些还在想着搞团团伙伙、寻求人身依附的个别党员干部敲响了警钟，也再次表明党内真正的"护身符"，不是"哪条线""某圈子""谁的人"，而是党的纪律和规矩。要净化党内政治生态、端正官场风气，就必须破除"圈子文化"的消极影响。

《关于新形势下党内政治生活的若干准则》规定："党员、干部特别是高级干部不准在党内搞小山头、小圈子、小团伙，严禁在党内拉私人关系、培植个人势力、结成利益集团。对那些投机取巧、拉帮结派、搞团团伙伙的人，要严格防范，依纪依规处理。坚决防止野心家、阴谋家窃取党和国家权力。"

2024年1月1日起施行的《中国共产党纪律处分条例》第五十四条规定："在党内搞团团伙伙、结党营私、拉帮结派、政治攀附、培植个人势力等非组织活动，或者通过搞利益交换、为自己营造声势等活动捞取政治资本的，给予严重警告或者撤销党内职务处分；导致本地区、本部门、本单位政治生态恶化的，给予留党察看或者开除党籍处分。"

要远离圈子文化。党员干部要勇于与圈子文化划清界限，不能堕入拉帮结派的圈子文化不能自拔。习近平总书记说："干部都是党的干部，不是哪个人的家臣。"党员干部要理直气壮与圈子文化作斗争。许多事实一再告诫人们："小圈子"是滋生腐败的温床。在一个组织内部，领导者只亲近少数人，身边就会有一些心术不正的人乘虚而入，必然会伤了多数人的心，疏远和失去更多人。久而久之，必然失掉人心。

"小圈子"以休闲为媒介，以利害得失为标准，见利而争先，利尽而交疏，以谋私为目的。古人云："以势交者，势倾则绝；以利交者，利穷则散。"建立在利益交易基础上的"小圈子"终究是靠不住的，一旦出现问题，人们急于自保，避之不及，同盟关系会瞬间崩塌。无数事实证明，朋党、"小圈子"既无生命力，也无好结局，往往是风光时一荣俱荣，案发后一损俱损。"小圈子"盘根错节，环环相扣，倘若有一人、一个环节露了"马脚"，就会满盘皆输。有的案件一查处就牵出一串人，其中一个重要原因就是形成了事实上的人身依附关系。对"小圈子"抱有侥幸心理，将其视为"保护伞""避风港"，只会在违法犯罪的道路上愈走愈远。

"小圈子"就其实质来说，是借助公共权力谋取私利的特殊利益联盟。有的人满脑子只有"我"，把个人利益摆在第一位，以至于只要自己得益，牺牲党和人民的利益都毫不在乎。为求仕途之发展，迷信"背靠大树好乘凉""朝中有人好做官"，于是攀高枝、抱大腿、找靠山，热衷于搞什么"同学会""战友圈"，以利禄为诱饵，编织利益共同体。有的人以权势为靠山，投奔其门下。有的人以派系为攀附，形成了"小圈子"。搞"小圈子"者任人唯亲，以封官许愿、晋升等手段来笼络人心、称兄道弟、拉拉扯扯。我们必须透过虚妄看到本真："小圈子"违反党纪党规，害人害己，败坏党风政风，破坏政治生态，必须坚决反对、遏制和远离。

有的领导干部搞独断专行、颐指气使的"家长制"作风，秉持"我的地盘我做主"的理念，目中无人，极其霸道，容不下不同意见。特别是有些单位"一把手"不认真贯彻民主集中制，"三重一大"事项不经过集体研究，或虽经集体研究，但在意见有严重分歧时搞"一把手拍板"，归根结底仍是"领导个人说了算"。凡此种种，严重违背了党的性质和宗旨，折射出官僚主义、特权思想，本质上是党性修养弱化，破坏了党内民主，削弱了党的凝聚力、向心力和战斗力。在这种"家长制"作风的驱使下，个别领导干部忘记了党性原则和党纪国法底线，形成负面的示范效应，助长各类不正之风，进而衍生出违纪违法问题。因此，在"三重一大"决策、干部选拔任用上，坚决反对"一言堂"，维护民主集中制的权威，让圈子利益不再无节制繁衍。

干事业要靠班子不靠圈子、靠团队不靠团伙，搞小山头、小圈子、小团伙那一套，到头来是会栽跟头的。党章明确规定，党员必须"坚决反对一切派别组织和小集团活动"。拉帮结派不仅把封建社会那种君臣父子关系渗入党内生活，而且将利益交换的商品关系带进党组织，在帮派团伙中形成人身依附关系，使臭味相投的人聚在一起。拉帮结派虽然在党内只是少数现象，但确实不能掉以轻心，应继续以零容忍的高压态势严惩贪腐圈子。

旗帜鲜明讲政治

旗帜鲜明讲政治，是中国共产党的优良传统和独特优势，是确保党和人民事业沿着正确方向前进的根本保障，是党保持马克思主义执政党本质属性的有效路径，是解决党内突出问题的必然要求，是保持党的政治生机和活力的重要法宝，具有鲜明的时代特点、深远的理论意义和重大的现实意义。

列宁指出："一个阶级如果不从政治上正确地看问题，就不能维持它的统治，因而也就不能完成它的生产任务。"毛泽东曾告诫全党："不注意思想和政治，成天忙于事务，那会成为迷失方向的经济家和技术家，很危险。"邓小平晚年时，孩子问他长征是怎么过来的，他回答："跟着走！"短短三个字，道出了共产党人的政治觉悟。

领导干部在党内和社会上处于重要位置，是"关键少数"，必须增强政治意识、坚定政治方向、站稳政治立场，坚决贯彻执行党的政治路线，推动全党始终保持统一的思想、坚定的意志、协调的行动、强大的战斗力。

苏联共产党执政了74年，何以在一夜之间发生了剧变呢？一个重要原因是党内追求享乐的风气慢慢滋长起来，以致背离群众，最后丧失政权。原苏共领导人雷日科夫在其《大国悲剧》一书中说，西方颠覆苏共的一张牌，就是"淡化政治"：在经济上，"照着俄罗斯老妈屁股上踹一脚"；在国内政策上，"把苏共闹个天翻地覆"；在意识形态上，"把共产主义埋葬"。其实，这恰是最典型也是最阴毒的政治——用他的政治取代你的政治，始于废弛纪律，继之瓦解组织，终于颠覆政权。

讲政治是共产党人的鲜明政治品格。讲政治，是我们党补钙壮骨、强身健体的根本保证，是我们党培养自我革命勇气、增强自我净化能力、提高排毒杀菌政治免疫力的根本途径。

习近平总书记指出："旗帜鲜明讲政治是我们党作为马克思主义政党的根本要求。"什么时候全党讲政治、党内政治生活正常健康，我们党就风清气正、团结统一，充满生机活力，党的事业就蓬勃发展；反之，就弊病丛生、人心涣散、丧失斗志，各种错误思想得不到及时纠正，给党的事业造成严重损失。重视提高党员干部的政治觉悟，确保党员干部既保有对党的事业的忠诚，又明晰以身许党许国的使命担当，是新时代推进党的建设新的伟大工程的重要意涵。

党员干部必须把讲政治作为第一位的要求，固政治之本、强政治之能。不讲政治，就容易当政治理想上的"糊涂虫"和政治方向上的"墙头草"，会犯政治错误，甚至走向政治蜕变。

习近平总书记强调："干部在政治上出问题，对党的危害不亚于腐败问题，有的甚至比腐败问题更严重。"要自觉做政治上的明白人、老实人，遇事多想政治要求、办事多想政治规矩、处事多想政治影响。

讲政治不是空洞说教，而是具有现实针对性的问题导向；不是一时一地的，而是一以贯之的；不是老调重弹，而是党的建设的长期任务。对党员干部来说，落实讲政治的要求，最根本的就在于讲党性，提高自身的政治觉悟。在守纪律、讲规矩上当先锋、作表率，做到政治信仰不变、政治立场不移、政治方向不偏。在牢固树立政治意识、坚持政治路线、严明政治纪律、保持政治定力等方面切实把旗帜鲜明讲政治落到实处。

讲政治是党员干部的首要素质和立身之本。讲政治是新时代合格党员第一位的标准。一些党员干部腐败堕落的深层次原因是不讲政治。作为一名共产党员，必须以高度的思想自觉、严格的政治要求、执着的表率行动讲政治，把讲政治常态化具体化，不为歪风所惑、不为暗流所动，"乱云飞渡仍从容"，始终坚守对马克思主义的信仰、对中国特色社会主义和共产主义的信念，严格遵守政治纪律，加强政治历练，使自己在政治上成熟，自觉抵制资产阶级腐朽思想和封建主义思想的侵蚀，筑牢拒腐防变的思想政治防线，保持先进性。

讲政治是党员干部固有的特质。政治头脑是否清醒、政治立场是否坚定，是衡量其能否担当重任、肩负重托的首要标准。讲政治的核心就是对党绝对忠诚，做到心中有党、心中有民、心中有责、心中有戒，增强政治意识、大局意识、核心意识、看齐意识，始终在政治立场、政治方向、政治原则、政治道路上同以习近平同志为核心的党中央保持高度一致。能否坚守政治立场和政治追求，既是考察对党忠诚的核心尺度，又是做到对党忠诚的决定性因素。立场、方向决定行为取向，有什么样的选择就会有什么样的人生，如果把正确的梯子架在错误的墙上，必然是越走越离谱。

塑造忠诚品格，迫切需要在旗帜鲜明讲政治、坚守政治立场和政治追求的根本问题上作出不懈的努力，自觉地把中央的各项决策部署落到实处。按照忠诚干净担当、"四个铁一般"等标准，把提高政治能力作为关键，当好政治生态的"护林员"，当好党在群众中的"代言人"，不断提高政治觉悟和政治能力，把对党忠诚、为党分忧、为党尽职、为民造福作为根本政治担当，永葆共产党人政治本色。要把严守党的政治纪律和政治规矩摆在首位，把自觉维护党中央权威和集中统一领导作为首要任务，说党员该说的话，做党员该做的事。

政治素质与理论素质是紧密联系在一起的。政治上的坚定，源于理论上的清醒。学习和掌握理论的深度，直接影响甚至决定着一个领导干部的政治敏感程度、思维视野广度和思想境界高度。习近平总书记指出："理论修养是领导干部综合素质的核心，理论上的成熟是政治上成熟的基础。"如果缺少理论功底，思想容易庸俗化，往往会目光短浅、思想迷惘，会在错综复杂的形势中迷失方向，失去判断是非的能力，甚至跟着错误的东西跑。理论修养是党员领导干部政治素质的重要组成部分。许多实践说明，理论功底深厚扎实，视野宽阔，分析问题就能说到点子上。

理论上的清醒是保持政治定力、做好一切工作的智慧和力量源泉。2015年12月，习近平总书记在全国党校工作会议上指出："我多次说过，党的各级领导干部特别是高级干部，要原原本本学习和研读经典著作，努力把马克思主义立场、观点、方法学到手，作为自己的看家本领。"对共产党人来说，读原著，学原文，悟原理，特别是理解其中包含的马克思主义立场、观点、方法，是必修课。要在领会精神实质上下功夫，在入脑入心上下功夫，坚定理想信念，筑牢精神支柱，自觉做共产主义远大理想和中国特色社会主义共同理想的坚定信仰者和忠实实践者，坚持问题导向，用新思想指导解决实际问题。

以习近平同志为主要代表的中国共产党人，坚持把马克思主义基本原理同中国具体实际相结合、同中华优秀传统文化相结合，坚持毛泽东思想、邓小平理论、"三个代表"重要思想、科学发展观，深刻总结并充分运用党成立以来的历史经验，从新的实际出发，创立了习近平新时代中国特色社会主义思想，实现了马克思主义中国化新的飞跃，这对推进中华民族伟大复兴历史进程具有决定性意义。《中共中央关于党的百年奋斗重大成就和历史经验的决议》指出："习近平新时代中国特色社会主义思想是当代中国马克思主义、二十一世纪马克思主义，是中华文化和中国精神的时代精华，实现了马克思主义中国化新的飞跃。"只有具备较高的理论修养，深入学习习近平新时代中国特色社会主义思想，在研几析理中融入内心世界、内化为心理自觉，才能从根本上理解党的基本路线和各项方针政策，坚持正确的政治方向，才能目光犀利，善于识别各种思潮，判明是非界限，才能提高领导水平和执政水平，保持政治上的清醒，站稳立场，做好工作，提高拒腐防变和抵御风险的能力，完成好历史赋予的使命。

制度建设须到位

有些领导干部道德失范、违法犯罪，固然与其思想作风有关，但是组织制度、工作制度方面的问题也不容忽视。推进党的自我革命，必须把制度建设贯彻始终。党的二十大报告把制度建设摆在突出位置，要求形成坚持真理、修正错误，发现问题、纠正偏差的机制。要完善党内法规制度体系，不断扎紧制度笼子。完善问责制度、落实责任追究机制。

反腐倡廉建设的核心问题是对权力的制约，实现权力制约的基本路径还是靠制度保障。要加强对权力运行的制约和监督，把权力关进制度的笼子里，形成不敢腐的惩戒机制、不能腐的防范机制、不易腐的保障机制，通过惩戒机制对腐败形成一种威慑，通过防范机制降低权力滥用的概率，通过保障机制构建公权力规范运行的安全平台。

依靠制度预防和惩治腐败，是做好反腐倡廉工作的重要保证。依靠制度约束权力的运行，充分发挥制度在反腐倡廉中的根本性、全局性、长久性作用。把权力关进制度的笼子里，体现了将权力纳入制度的轨道中来，依据制度的安排，把权力运行制度化。如果权力不进笼子，就会有官员进"笼子"。

建立健全监督管理制度。围绕人权、财权、物权和事权，制定并完善资本运营、产权交易、招投标采购等一系列监督制度及措施。要以建立严密的管理体制和高效的内部运行机制为目标，融入监督制约机制，通过在权力配置上的横向合理分权，在委托代理上的纵向适度授权，实现权责明确，防止权力的滥用。

健全和落实党风廉政建设责任制。落实责任制的前提是明确责任。根据机构职能和领导分工的变化，及时明确领导和部门的党风廉政建设责任，并把它作为任职谈话和工作交接的重要内容。抓好责任分解、检查考核和责任追究。按照党风廉政建设责任制的要求分解落实年度重点工作。要落实监督责任，完善责任追究，使任务到肩、责任到人，防止有事无责，有人说事、没人干事，达到事与责的统一，从而推动制度的落实。

严格落实"两个责任"。不明确责任，不落实责任，不追究责任，反腐正风肃纪就做不到位。习近平总书记指出："不讲责任，不追究责任，再好的制度也会成为纸老虎、稻草人。"要以当仁不让的使命感、舍我其谁的责任感，强化党的观念、激发担当精神，强化主体责任，落实全面监督责任。

主体责任的内容是具体的，不是抽象的。能否把这份沉甸甸的责任扛起来，是对各级党组织担当精神的检验。落实责任，关键看行动，根本在担当。各级党委不能成为逃避问题的"鸵鸟"，要切实加强对党风廉政建设和反腐败工作的领导，党委书记是第一责任人，党委成员对职责范围内的党风廉政建设负领导责任。落实主体责任是各级党组织肩负的政治责任，必须站在讲政治的高度，一级压一级、层层抓落实，确保管党治党的政治责任逐级落实到位。

主体责任是政治责任，是深入推进党风廉政建设的"牛鼻子"。抓主体责任，就抓住了关键。落实主体责任是各级党组织职责所在、使命所系。各级党委书记作为第一责任人，必须把主体责任放在心上，抓在手上，扛在肩上，重要工作亲自部署、重大问题亲自过问、重点环节亲自协调、重要事项亲自督办。敢于动真碰硬，见物见人见细节，从具体问题管起，及时发现问题、纠正偏差。要求有关部门各司其职、密切配合，在党委统一领导下形成管党治党的工作合力。

纪委做到监督、执纪、问责，就必须聚焦主业，做到不越位、不错位、不缺位。纪检机关是党内的"纪律部队"，干的就是监督的活、得罪人的活，必须忠实履行监督执纪问责职责，敢于"唱黑脸、当包公"。要将问责与日常考核和职务晋升联系起来，不管级别高低和资历深浅，不管谁违反纪律，都要问责，都要处理。对该问责而没有问责的，也要严肃追究有关党组织和纪检部门的责任。

下大力气抓廉政制度的落实到位。督促检查制度落实情况，及时肯定好的，批评差的，激励先进，鞭策后进；对违反者，及时执纪，给予处分，使其不越雷池。严格执纪体现了制度的权威性。对于违反制度的人和事要做到发现一起，查处一起，起到震慑作用。

发挥纪检监察组织的职能优势，加大监督检查和考核力度，强力推进制度的有效贯彻执行，以贯彻落实问责制为重点，完善惩处和问责机制，严厉惩处违反制度的行为。在查办案件中，要把责任追究作为分析研究案件的重要内容；在案件查结处理时，必须提出是否对有关领导进行责任追究的具体意见。对领导人员的责任追究，要以发生党风廉政建设问题时所涉及的领导班子和领导人员为责任追究对象，不受领导班子的调整和领导人员工作变动、职务任免等因素的影响。违纪处分与责任追究各有不同的规定。领导人员只要不履行或不认真履行职责，在责任范围内发生问题，就应当研究是否追究其领导责任，不能把追究责任局限于本次发生案件，对屡屡发生同类问题又长期整改不力的，也应当采取适应的追究措施。

为了使责任追究切实到位，上一级党委、纪委要做到"两个同时"：凡涉及干部作风和纪律的事件调查和案件检查，对直接责任者提出处理意见的同时，必须提出对负有领导和管理责任的人员给予或免予追究的意见；对直接责任者作出处理决定的同时，必须作出对负有领导和管理责任的人员给予或免予处分的决定或提出建议意见。

纪检监察干部应抓好组织协调，协助党委对责任追究的全过程加强监督检查，不论涉及谁，都应督促相关部门一查到底，追究到位，防止碍于人情或面子不追究、轻追究现象的发生。另外，要配合有关部门做好被追究者的思想说服教育工作，保证责任追究切实落实到位。

制度的效用取决于制度执行力。要完善用制度管人、管事、管权的制度链，执行力就显得至关重要。要用制度和监督保证教育的效果，用教育和监督推进制度的落实，用制度和教育规范监督的到位，三者相互依存和协调联动，发挥惩防腐败体系的整体效能。要让制度行得通、管得住、用得好，必须在狠抓制度落实上下大功夫，使党员干部了解制度、崇尚制度、敬畏制度、执行制度。领导干部要带头执行各项反腐倡廉制度，坚持"法律面前人人平等、制度面前没有特权、制度约束没有例外"；坚持原则，敢抓敢管，提高制度的执行力。

制约权力不能腐

权力犹如流水，在沟渠内奔涌，可灌溉田地、运输货物；倘若破堤决坝，则将淹田毁屋，破坏力巨大。不受监督的权力犹如脱缰的野马不受控制，势必会造成腐败的肆意泛滥。许多事实说明，没有切实有效的监督，或缺少对权力的监督和制约，就会给权力寻租、违法乱纪提供土壤和条件，领导干部就有被权力腐蚀的可能性。

要以严的基调加大惩治腐败工作力度，坚持"受贿""行贿"一起抓，在全社会营造不敢腐的氛围。坚持有案必查、有腐必惩，做到查处违纪违法案件一视同仁，党纪国法面前没有例外，不管涉及谁，都要一查到底，决不姑息，决不手软，以增加腐败行为的综合成本，使权力主体没有腐败的机会。"黄沙百战穿金甲，不破楼兰终不还。"党风廉政建设和反腐败斗争是一场输不起的斗争，必须坚决把腐败蔓延势头遏制住。

制约和监督权力，就是"把权力关进笼子里"，防止权力滥用。建立健全权力运行制约和监督体系，加强党内监督、民主监督、法律监督、舆论监督，让人民监督权力，让权力在阳光下运行。必须改变一些重点领域以及资金密集、利益集中的领域的关键岗位权力封闭运行的现状，最大限度压缩权力滥用的空间。腐败分子具有高度的隐蔽性，必须充分了解每一个领域的每一个业务流程才能开展监督，否则只是做做表面文章。建立健全决策权、执行权、监督权既相互制约又相互协调的权力结构和运行机制，着力推进制度创新。适度分解领导干部的权力，在分权、均权、抑权、制权上采取有效措施，使每个权力行使者都具有权力的行使者和权力的制约者的双重身份。权力的行使者不仅受到其他权力的约束，而且同时约束着其他权力，防止权力过于集中、权力较大而形成的监督"空白"。

针对可能诱发腐败的各种风险，健全和完善纵横交错的监督制约机制，形成不能腐的有效机制。加强重点岗位干部限期任职和轮岗交流，防范集体腐败现象的形成。推行领导干部财产申报制度，接受社会公众监督。落实重要情况报告与个人有关事项报告、巡视制度、诫勉谈话、函询质询、述职述廉等监督的制度，实施关口前移，注重事前监督和过程监督。

严格责任追究制度，严肃追究违规违纪者的责任，做到权责相当，形成责任与权力的制衡。上级部门和领导对下级的用权行为要充分行使管理权、检查权和监督权，做到权力行使到哪里，监督就跟进到哪里，让监督始终与权力同行，防止人民赋予的权力私有化。按照管得住、管得好的标准，加强纪委的监督、组织部门的干部监督、审计部门的经济责任审计等，增强及时性和有效性。

应建立重要线索报告制度。凡是接到群众举报领导干部的来信来访及举报电话，都要初核，不准压下，并向上一级纪检监察机关报告情况；构成违纪的按程序立案检查；对有重大线索不报告的，追究纪委领导责任。

民主生活会是加强班子成员互相监督的重要形式。召开民主生活会之前，党委查找存在的突出问题，听取群众意见，确定民主生活会的主题，或按上级党组织要求，结合实际确定重点解决的问题。纪委征求本单位党内外群众对领导班子及成员的意见和建议，并"原汁原味"地由党委书记如实反馈给本人，并向上级报告。

召开民主生活会时，班子成员尤其是党组织书记要站在党性原则的高度，勇于直言批评，消除私心杂念和畏难情绪，克服"揭露问题会影响团结，指出缺点会影响感情，揭短亮丑会影响威信"等错误认识。主要领导要带个好头，认认真真开展批评和自我批评，及时纠正各种不正确的思想和行为。民主生活会之后，要落实整改，逐项改进，并将整改措施及整改进展情况向干部、群众通报，向上级党组织报告。

发挥纪检监察组织的职能优势，加强监督检查，强力推进制度的有效贯彻执行。以贯彻落实问责制为重点，完善惩处和问责机制，严厉惩处违反制度的行为，从组织上、机制上保证惩防腐败体系的有效运转。

　　网络舆论监督对提高腐败发现率、推进反腐倡廉工作有着重要作用。通过出台一系列规范网络举报和保护举报人的制度，让群众积极有效地通过网络参与反腐败斗争，促进不能腐机制的构建。要支持新闻媒体开展舆论监督，依法向新闻媒体提供信息，认真听取各方面意见，虚心接受并实事求是地调查处理。

强化对"一把手"自上而下的监督

有人总结"一把手"腐败的特点：决策"一言堂"、用人"一句话"、用钱"一支笔"、项目"一手抓"。据统计，2020年全国纪检监察机关立案审查调查县处级以上"一把手"5836人。"一把手"是"关键少数"中的"关键少数"，岗位重要、权力集中，监督的难度大。如何有力、有效地监督好"一把手"，是一个亟待破解的难题。

党的二十大报告在部署完善党的自我革命制度规范体系时，强调增强对"一把手"和领导班子监督实效。加强对"一把手"和领导班子监督，包括上级监督、同级监督、下级监督等，其中上级对下级尤其是上级"一把手"对下级"一把手"的监督最管用、最有效。按照《中国共产党党内监督条例》第十五条的规定，在党内监督中，第一责任人是党委（党组）书记，同时，党委（党组）成员在职责范围内履行监督职责。要把上级监督责任具体到上级领导个人，凸显上级"一把手"对下级"一把手"的监督。《中共中央关于加强对"一把手"和领导班子监督的意见》科学具体、务实管用。各级党组织及其"一把手"要以坚强党性和决心扛起监督主责，逐条对照落实意见提出的任务要求，自觉接受监督，认真抓好监督，用好监督措施。

要舞活"一个龙头"——上级"一把手"率先垂范，加强对下级"一把手"的监督，带动其他监督。紧紧扭住党组织自上而下监督这个重要抓手，加强上级党组织及其"一把手"和纪检监察机关对下级党组织及其"一把手"的监督，包括对贯彻执行民主集中制情况加强监督检查。通过驻点调研、专项督查等方式，多了解掌握下级党委（党组）"一把手"的思想、工作、作风、生活状况，多注意干部、群众反映的下级"一把手"的问题，多听取下级领导班子成员对"一把手"的意见，一旦发现问题，及时采取相应措施。综合运用检查抽查、指导民主生活会、受理信访举报、督促问题整改等方式，形成一级抓一级、一级管一级的工作格局，把管理和监督寓于实施领导的全过程。上级"一把手"要将监督下级"一把手"情况作为每年述职的重点内容。建立健全对下级"一把手"的谈话制度，及时了解情况，对存在苗头性、倾向性问题的进行批评教育，对存在轻微违纪问题的及时予以诫勉，让"一把手"时刻感受到用权受监督，促进各级"一把手"充分发挥"头雁效应"。

纪检监察机关将本级"一把手"、下级"一把手"作为监督重点。对"一把手"的监督既需要上级监督、同级监督、下级监督协同发力，也需要专门机构与专门人员专门负责，实现专兼结合，打好监督"一把手"的"组合拳"，形成大监督格局。要强化政治监督、做好日常监督，督促下级党委"一把手"和领导班子履职尽责。强化对维护党中央集中统一领导、履行管党治党政治责任、贯彻执行民主集中制、依规依法履职用权、廉洁自律等情况的监督，对存在苗头性、倾向性问题的及时约谈提醒，对失职失责、违纪违法问题严肃查处。就监督同级"一把手"而言，对其落实主体责任、执行民主集中制、廉洁自律等情况，同级纪委要定期向上级纪委报告；就监督下级"一把手"而言，纪委协助同级党委加强对下级一把手的监督，盯紧权力运行各个环节，善于发现问题、纠正偏差、精准问责。如果掌握了其违纪违法情况，要及时报告同级党委书记。

在监督实践中，创新监督方式，把加强对"一把手"的监督作为实现纪检监察工作高质量发展的重要课题，推动"一把手"严于律己、严负其责、严管所辖，推动领导班子切实履职尽责。将监督"一把手"嵌入、融入日常监督工作，包括派员参加下级党组织民主生活会，推动"一把手"用好批评和自我批评的武器；完善"一把手"的廉政档案，把下级"一把手"存在的突出问题进行梳理、精准画像，督促整改；开展对"三重一大"集体决策等相关制度的专项检查，充分发挥制度的刚性约束作用。实践证明，推动"一把手"抓"一把手"制度

化、规范化、常态化，有利于形成责任明确、环环相扣的监督
链条。

监督要到群众中去，充分发挥群众监督作用，听取群众对
"一把手"的看法。要在信息公开等方面为群众监督提供便利。
《中国共产党党内监督条例》第十七条规定："党组织主要负责
人个人有关事项应当在党内一定范围公开，主动接受监督。"
要加大"一把手"个人与工作相关信息公开，更好地保障群众
的知情权与监督权。

发挥巡视的利剑作用

巡视乃国之利器、党之利器。党的二十大报告强调:"发挥政治巡视利剑作用,加强巡视整改和成果运用。"巡视制度好,好在任务很明确,专找问题,专挑毛病。有人说,现在的巡视反馈,只讲问题,不讲成绩,让人脸红耳热,下不来台,这其实正是巡视的本意和特点。

坚定不移深化政治巡视,推进政治监督具体化、常态化。要坚持政治巡视定位,聚焦党中央大政方针加强政治监督,把思想和行动统一到党中央关于巡视工作的新部署新要求上来,坚决维护以习近平同志为核心的党中央权威和集中统一领导,做到党中央决策部署到哪里,巡视监督就跟进到哪里,紧扣被巡视党组织职能责任,紧盯领导班子特别是"一把手"查找政治偏差。坚持跟进阶段性中心工作,查找党的建设弱化、淡化、虚化、边缘化问题,在贯彻党的路线方针政策中是否有打折扣等现象,党委(党组)主体责任、纪委监督责任是否落实到位，上一轮巡视发现的问题是否全面整改到位。

建立健全巡视巡察上下联动、权威高效的运行机制。巡视工作要坚持"发现问题、形成震慑、推动改革、促进发展"的巡视方针，建立健全统一领导、分级负责的领导体制，着力构建"一体化"工作机制，推动任务一体部署、工作一体推进、力量一体调配、成果一体运用，形成巡视巡察监督内容互相吻合、监督要素互相衔接、工作步骤互相协同的联动格局，在推动全面从严治党、强化党内监督中发挥利剑作用。

推动巡视监督与其他监督贯通融合，形成协同高效的监督体系。要推动巡视监督与纪律监督、监察监督、派驻监督协同配合、深度融合，着力构建"四个全覆盖"的权力监督格局。要不断完善同向发力的体制机制，进一步与纪检监察、组织、政法、审计、信访等部门协作融合，形成监督合力。

四川省委注重发挥巡视制度优势和纽带作用，建立省委巡视监督贯通融合联席会议制度，推动巡视与纪律、监察、派驻监督统筹衔接，完善巡视与组织、宣传、政法、保密、财政、审计、统计、信访等协作配合机制，建立巡视组组长库和7类专业人才库，初步形成了监督主体良性互动、监督信息常态互通、监督力量有机整合、监督手段协同发力、监督成果共享共用的联动监督格局。2020年下半年开展的政府采购专项巡视，四川省委派出8个巡视组，21个市（州）组建43个市级联动巡察组，56个县（市、区）组建92个县级联动巡察组，创新采取"巡视＋调研""巡视＋指导"模式，同向发力对省市县三级政府采购领域问题进行"全景式"扫描，发现和推动解决问题387个。

注重科学运用巡视思想方法和工作方法，提高巡视发现问题的精准度。突出"关键少数"，聚焦班子成员特别是党政"一把手"，并延伸至重要岗位、重点领域负责人。灵活运用巡视方法，要多听取意见、多些理性分析、多些调查核实、多些协作配合。坚决把实事求是、依规依纪依法贯穿巡视工作始终，发现问题要求实，研究问题要务实，撰写报告要真实。在巡视中发现问题线索，该立案的及时立案，违纪违法的都要尽快查处，有多少就处理多少，对腐败问题保持零容忍。对巡视发现的问题，该查处的就查处，该免职的就免职；不能底下案件成串，他还当着太平官。要把握好"三个区分开来"，明辨为公还是为私，分清无心还是有意，判定"无禁"还是"严禁"，严格划分失误错误与违纪违法的界线。

接受监督是福分

　　党员领导干部坚持自我革命，须主动接受监督，将自己置于阳光之下，这是其政治生命的题中应有之义。如果没有监督制约，不愿意接受监督，不自觉接受监督，逃避监督或者排斥监督，也就丧失了作为党的干部的起码资格，思想就会"滑坡"，随时都有被权力腐蚀的可能性。

　　"自觉地接受党和群众的批评和监督"，是党章对党的干部的基本要求。党员干部是党的事业的骨干，是"关键少数"，接受各方面的监督，合情合理，天经地义。一旦懂得别人的监督是对自己的爱护，听到别人批评便觉得惬意开心，能心悦诚服、愉快接受，不埋怨、不愤恨、不迁怒，那么思想品格就向精神灵魂上的纯粹、高洁迈进了可喜的一步。

　　监督是一种约束，更是一种关心、一种爱护、一种保护。当一个人有权的时候，最值得担忧的是被监督意识随着权力的增大而逐渐淡化，最值得庆幸的是被监督意识随着权力的增大而愈加强化。

自觉接受监督，将监督作为一种警戒、一面镜子，是党员领导干部不犯错误的有效措施。权力本身容易被滥用，这也会导致腐败，虚心接受监督和批评，让手中的权力在阳光下运行，让群众来参与反腐败，是坚持党性原则、提升政治能力、实施民主政治、增强公信力的重大问题，是增强免疫力的内在力量，是抵御诱惑、防止腐败、赢得人心的重要保证，是决策民主的必要环节。

监督是最好的防腐剂，接受监督是最好的自我保护。马克思说，"勤务员经常是在公众监督之下进行工作的"。党员领导干部要把自觉接受监督看作一种自我保护、一种自觉行动，不要认为自己就是管别人的，自己是不受制度约束的，出了事也不会把自己怎么着，将自己置身于监督对象之外。党内没有也不允许有特殊党员。

严守纪律不逾矩

2023年1月9日，习近平总书记在二十届中央纪委二次全会上指出，纪律是管党治党的"戒尺"，也是党员、干部约束自身行为的标准和遵循。要把纪律建设摆在更加突出位置，党规制定、党纪教育、执纪监督全过程都要贯彻严的要求，既让铁纪"长牙"、发威，又让干部重视、警醒、知止，使全党形成遵规守纪的高度自觉。

我们党是一个有着崇高理想和铁的纪律的马克思主义政党，纪律严明是党的光荣传统和独特优势。党面临的形势越复杂、肩负的任务越艰巨，就越要加强纪律建设。纪律是做好工作、保持廉洁的重要保证。纪律性加强，革命无不胜，事业无不成。党的纪律是全党意志的体现，是党的各级组织和全体党员必须遵守的行为准则。只有纪律严明，才能保证党的各项工作达到预期的目标。

20世纪60年代，陈云的夫人于若木刚买了一床毛巾被，第二天报纸就登出消息说，国家经济已经恢复到一定水平，即日起，高价产品降为平价产品。于若木向陈云抱怨，怪他为什么不早点说，害自己花了冤枉钱。陈云回答："我是主管经济的，这是国家的经济机密，我怎么可以在自己家里头随便讲？我要带头遵守党的纪律。"

严明政治纪律和政治规矩，防范和解决党内政治生活中的突出问题。要坚决清除对党不忠诚不老实、阳奉阴违的两面人、两面派，坚决反对和纠正个人主义、分散主义、自由主义、本位主义、好人主义，坚决防止山头主义和宗派主义危害党的团结、破坏党的集中统一，以实际行动保证全党统一意志、统一行动、步调一致向前进。

有的党员领导干部不把党规党纪当回事，把禁令当耳旁风，顶风违纪甚至欺瞒组织，看上去潇洒、自在、惬意，其实那只是酿成大祸、跌进深渊的前兆。内蒙古呼伦贝尔市原市委书记李某某，把自己当成凌驾于党纪之上、不受国法约束的"特殊人物"。他嘴上常说："党和国家的各项法律和规章制度在制定出来的那天就已经过时了。"最终因故意作出与党和国家方针政策以及决策部署相违背的决定被处分。

在一些干部中，乱评乱议、口无遮拦现象比较突出。一些人传播小道消息，东家长西家短乱发议论，热衷于转发网上不良信息，甚至和一些所谓"铁杆朋友"聚在一起妄议中央大政方针。某单位党员小李在网上看到一则关于香港回归的帖子，内容另类，对中央对港政策品头论足，否定"一国两制"，为了博眼球就转发到微信朋友圈了。科长老张看到以后马上提醒小李删帖。小李不解，觉得不就是发个帖子，至于这么较真吗？"一国两制"是我国的一项基本国策。香港回归祖国以来，"一国两制"在香港的实践日益深入，香港保持了繁荣稳定。小李转发的网帖既与事实不符，又有违中央大政方针，因此属于违纪行为。所在的党组织视网帖的传播范围和社会影响，给予其相应的处理或者处分。

在党的重大方针政策形成的过程中，中央都要反复向党内广泛征求意见，经过了正式程序和必要环节，凝聚了全党的集体智慧。因此，每一名党员都有坚决执行的义务。如果党员可以任意公开反对党的正式决定，这个党就将成为一盘散沙。

2024年1月1日起施行的《中国共产党纪律处分条例》第五十条规定："通过网络、广播、电视、报刊、传单、书籍等，或者利用讲座、论坛、报告会、座谈会等方式，公开发表坚持资产阶级自由化立场、反对四项基本原则，反对党的改革开放决策的文章、演说、宣言、声明等的，给予开除党籍处分。"第五十一条规定："有下列行为之一，情节较轻的，给予警告或者严重警告处分；情节较重的，给予撤销党内职务或者留党察看处分；情节严重的，给予开除党籍处分：（一）公开发表违背四项基本原则，违背、歪曲党的改革开放决策，或者其他有严重政治问题的文章、演说、宣言、声明等；（二）妄议党中央大政方针，破坏党的集中统一；（三）丑化党和国家形象，或者诋毁、诬蔑党和国家领导人、英雄模范，或者歪曲党的历史、中华人民共和国历史、人民军队历史。"本条还规定："发布、播出、刊登、出版前款所列内容或者为上述行为提供方便条件的，对直接责任者和领导责任者，给予严重警告或者撤销党内职务处分；情节严重的，给予留党察看或者开除党籍处分。"

无数案例证明，党员"破法"，无不始于"破纪"。如果纪律和规矩成为花瓶、摆设，成为"纸老虎""橡皮泥"和"稻草人"，就会导致政治生态恶化。纪律和规矩是管理的利剑，给出了党员和党员领导干部必须坚守的底线，一旦违背就要受到惩处。

党纪政纪是党员干部不可触碰的"底线"，更是"生命线"。党员干部在任何时候、任何情况下，都不要放纵、任性、跋扈，都要严守纪律，要有底线意识，心里时刻以纪律处分条例为戒尺，对照和遵守宪法法律、党章党规党纪的要求。法治之下，任何人都不能心存侥幸，都不能指望法外施恩，没有免罪的"丹书铁券"，也没有法外的"铁帽子王"。

习近平总书记指出："规矩是起约束作用的，所以要紧一点。紧一点自然就不舒服了，舒适度就有问题了，就是要不舒服一点、不自在一点，我们不舒服一点、不自在一点，老百姓的舒适度就好一点、满意度就高一点，对我们的感觉就好一点。"

强调严格遵守党的纪律和规矩，是对党的事业负责，更是对每名党员负责。画圆离不开规，画方少不了矩。有了规和矩，才能画圆就圆、画方就方。对党员干部而言，规矩是疾车如流的马路上的红绿灯，是悬崖尽头的一道护栏，规矩的背后其实是关爱，是保护。

必须在"认真"二字上下功夫，克服侥幸心理、从众心态、特权思想，做到一言一行不越位，任何时候都不做乱规矩、坏声誉的事。用权讲规矩，凡事有理有据、程序正规，决不能凭个人好恶随意为之。自觉地以党的纪律为准绳，约束自己的日常言行，常修为政之德，不谋一己之私，慎初慎微，防微杜渐，不放松对自己的要求，管住自己的头，管住自己的嘴，管住自己的手，管住自己的脚，把纪律、法律转变为高度的自律，坚持原则不动摇，执行标准不走样，履行程序不变通，遵守纪律不放松。对违规违纪、破坏法规制度踩"红线"、越"底线"、闯"雷区"的行为，要坚决严肃查处，不以权势大而破规，不以问题小而姑息，不以违者众而放任，不留"暗门"、不开"天窗"，坚决防止"破窗效应"。

加强党风廉政教育

党风廉政教育是党组织的重要职能和经常性工作，对于严肃党纪、提高党员干部的思想政治素质起着重要作用。如果说，执纪办案能够割除业已长出的腐败毒瘤，那么教育则可以增强人们思想上的免疫力，避免染上腐败病菌。古人云："先其未然谓之防，发而止之谓之救，行而责之谓之戒。防为上，救次之，戒为下。"

一些同志认为，查案是硬任务，教育是软任务，抓不抓无所谓，常常出现"说起来重要，干起来次要，忙起来不要"的现象。这是亟须解决的问题。反腐倡廉关键在于"常""长"二字：要经常抓，常抓不懈；长期抓，警钟长鸣。要打好歼灭战，以猛药去疴、重典治乱的决心，以刮骨疗毒、壮士断腕的勇气，坚决惩治腐败；要打好持久战，积小胜为大胜。各级纪检机关一定要做到一手抓查案，一手抓教育。

《中国纪检监察报》2022年10月29日报道：合肥市纪委

监委从立案环节起，下足功夫做好典型案件剖析，深入挖掘典型案件背后的普遍性、深层次问题，梳理症结原因，列出问题清单，推动边查处、边整改、边教育，扎实做好审查调查"后半篇文章"。全市纪检监察机关不断丰富警示教育形式，通过警示教育大会集中教育、"一案一整改"专题教育、通报案例震慑教育、廉洁文化涵养教育、提醒谈话预防教育、旁听庭审现场教育等多维度、立体式教育方式，实现查处一起案件、教育一批干部、完善一套制度、解决一类问题。

党的十八大以来，中国交通建设集团公司党委、纪委以构筑不想腐的思想堤坝为目标，坚持每年组织开展党风廉政宣教月活动，创新廉洁宣教形式，集合廉洁宣教力量，着力宣传传统廉洁文化。全面从严治党要求廉政思想在全体党员中得到有效宣贯，尚俭戒奢、拒腐崇廉理念融入职工群众工作生活，打造出富有中交特色的廉洁文化品牌。

上好廉政党课

　　用上党课的形式来教育党员，是各级党组织提高党员思想觉悟、增强党性的基本方法。党课要有"党"的特性，要有很鲜明的先进性和战斗性，要丰富内容、创新形式，打造党课教育工作的新载体。为了实现反腐倡廉教育的经常化、规范化和制度化，就要常讲廉政党课，教育引导广大党员坚定理想信念、坚守共产党人精神家园，不断夯实党员廉洁从政的思想道德基础，促进党员不断增强纪律意识、规矩意识，使其能够把遵规守纪内化于心、外化于行。

　　过去的一些基层党支部上党课，大多采用你讲我听的"填鸭式"教学，形式僵化，效果不好。因此，在上廉政党课过程中，要多采取互动式教学，勤问问题，引发党员的思考和互动，还可以设计一些话题，拟定一些题目，如"党员为什么要反对腐败？"由党员解答。在大家发言的基础上，最后由党员干部进行正确的引导。这种教育形式的优点是让每个党员都开动脑筋、积极思考。在此基础上再作讲解，能够吸引党员的注意，提高党员的兴趣，有利于心理相融、情感相通，起到党员之间互相启迪和教育的作用。

党委、纪委一般每年都要给党员上廉政党课，要积极组织党员参加。党支部也要上廉政党课，党支部书记每年至少要给党员讲一次廉政党课。还可以请理论专家、优秀党员、廉政典型讲廉政党课。讲授内容要理论联系实际，有的放矢，使党员受到教育。

党内对话是廉政党课的新形式，由讲课人提出问题，党员来回答；或由党员提问，讲课人回答。该形式对于活跃党内的民主氛围、增进教育者与被教育者的思想感情、提高廉政党课的质量是大有益处的。

廉政党课还可以结合主题实践活动开展。通过走出去参观学习等多种形式，使党员在深入社会实际中加深对党的路线方针政策的理解，使教育入耳、入脑、入心，增强法纪观念、廉政意识、风险意识，筑牢拒腐防变的思想道德防线。

廉政党课有一定的程序。首先，制订党课计划。根据上级的要求和本单位党员的具体情况，确定教学内容，指定专人授课，授课人可以是本机关支部成员，也可以请其他人员。其次，准备讲课提纲。授课人围绕题目广泛收集有关资料，结合当前形势和中心工作任务，按照"缺什么、补什么"的原则，认真起草讲稿，在征求意见的基础上，修改审定讲稿，做到观点明确，重点突出，联系实际，以理服人。再次，组织全体党员准时参加党课。课题和内容要有新意。根据新的形势、新的任务和党员思想新的变化，讲出新味道。讲课要贴近实际，正反典型事例要真实，有教育意义。讲课要有逻辑性，做到脉络清晰、层次分明、深入浅出。最后，课后组织好讨论。组织听课人员就一两个问题进行深入研讨，正确引导党员领会廉政党课内容的精神实质，引导党员运用正确的立场、观点和方法观察分析问题、认识真理、辨明是非、提高党性。

注重采用互动式教学，增强党课的现场感、直观性。通过主题讨论、情境创设、答疑释惑等方法开展深入交流。推广"微党课"形式教学，合理安排党课时长，讲身边人、身边事、身边理，以小见大，达到"润物细无声"的效果。积极运用多媒体开展教学，以视频、动漫、音频、图片等形式，增强党课的生动性和感染力。领导干部要紧密结合反腐倡廉方面存在的苗头性、倾向性问题讲廉政党课，切实担负起反腐倡廉建设第一责任人的职责。廉政党课绝不能千人一面，要根据不同的听众群体，找准不同人群的廉政风险点，有针对性地设计授课内容、调整授课语言，在潜移默化中传递廉洁理念，让清廉深入人心。要将领导干部讲廉政党课制度纳入党风廉政建设目标考核机制中，确保廉政党课的制度化、常态化。

加强廉洁文化建设

廉洁文化是人们关于廉政的知识、观念、价值、信仰、规范及其行为方式的总和，是以廉洁从政为理念和目标，以廉政理论、廉洁思想、廉政制度、廉政纪律和廉政文艺等为表现形式的一种文化。廉洁文化体现了中国特色社会主义先进文化的本质要求和前进方向，继承了中华民族的优秀文化传统。"文化而润其内，养德以固其本。"廉洁文化建设抓好了，对党员干部明是非、辨善恶、知廉耻大有裨益。

要发挥廉洁文化建设的自身特色，建成以丰富多彩的廉洁文化活动为载体、以健全的廉政制度为基础的具有鲜明时代特征的廉洁文化体系，围绕廉政主题开展一系列切实有效的文化教育活动，拓宽教育的覆盖面，提升教育的效果，使全体党员干部拒腐防变能力不断提高，格调高雅、健康向上的精神文化生活日益丰富，廉洁从业理念深入人心，反腐倡廉的环境和舆论氛围不断优化。

以"加强党性教育，重在拒腐防变"为主要内容，深入开展"读书思廉"活动。针对中青年干部缺乏严格的党性锻炼、相对年长的同志也需要加强党性修养的现状，把"读书思廉活动"纳入学习计划，组织大家阅读廉政读物，磨砺心志，加强修养，升华境界，树立形象。

廉洁文化一旦形成传统，就会一代一代传承。这种传承不是简单的沿袭，更不是重复和叠加，而是要经过一番吐纳、消化、汲取，才能将廉洁文化转化为现实有价值的文化。加强廉洁文化建设，应传承古代廉洁文化的精华，提炼升华我国历史上清官廉吏的廉政思想，积极探索廉洁文化建设的有效途径和方法，把握规律性，体现时代性，富有创造性。

廉洁文化建设应以培育优良的党风、促进党员干部队伍风气好转为目标，突出思想教育，强化道德建设，整合各方资源，营造崇廉氛围，优化从业环境，努力建设与社会主义市场经济相适应、与中华民族传统美德相承接、与党的优良传统和时代精神相统一的廉洁文化，把党风廉政建设和反腐败工作提高到一个新水平。

应充分利用现代传媒和有效载体的优势，营造良好的反腐倡廉环境。办好以廉政为主要内容的专刊或专栏，设置"警钟长鸣""纪检监察要情""古今廉政故事"等板块，增强反腐倡廉宣传教育的辐射力和影响力，锤炼廉政思想，使其烙印在党员干部心中。

开展家庭助廉活动。要把社会主义核心价值体系融入家庭助廉教育工作的全过程，通过签订"助廉承诺书"，利用节假日等时机，向干部家属发廉洁提示信、慰问函，及时告知廉洁从业的纪律规定，教育干部及其家属共守廉关。在家庭助廉活动中，大力倡导读书思廉、美德养廉、亲情助廉、举家守廉，征集廉洁治家格言，制定廉洁家庭行为公约，引导干部及其家属遵纪守法。

生动活泼的廉洁文化活动，有较强的思想性、艺术性和观赏性，人们易于接受。澳门特别行政区廉政公署办了一个《澳门廉政》季刊，辟有《廉官轶事》等专栏，把廉政与文化有机结合在一起。如《倡廉隽语》专栏刊登了四个字："政者，正也。"接着注释，此为《管子·法治》中的词语，意思是执政者首先要使自己的行为端正。在同一版上，刊出一幅彩色菊花照片，下用行书刊出两句诗："虽惭老圃秋容淡，且看黄花晚节香。"语出宋人韩琦《九日水阁》，以此告诫官员要像秋天的菊花一样保持晚节，寓意深刻。

应进一步整合廉洁文化资源，精心组织廉洁文化系列活动。通过每年集中一段时间开展主题鲜明、形式多样的"党风廉政教育月"活动，重点进行反腐败斗争的形势、正反两方面的典型以及党规党纪等宣传教育，以提高反腐倡廉宣传教育成效。应举办廉政报告会、廉政演讲比赛、廉政知识竞赛、廉政诗文朗诵会、传唱廉政歌曲等活动，使党员干部在潜移默化中接受廉洁文化的熏陶。

开办"廉政网"，建立廉政宣传栏，开展多种形式宣传教育。开展征集廉政格言、警句、谚语，创办廉政书画、漫画展览，创作廉政歌曲，观看影视作品，启动"廉政长廊"，设立廉政公益广告，组织"红色之旅"等活动，运用廉政贺卡、廉政日历、廉政短信，使广大党员在潜移默化之中得到启迪、激励和教育。

把廉洁文化融入生产经营和企业文化建设中。在管理人员和一线党员中大力倡导守法经营、廉洁经营。把反腐倡廉的规定融入规章制度之中。组织观看一批警示教育片。在报刊、简报、网站中开辟相关专栏，开展职业道德讨论，增强克己奉公、艰苦奋斗意识。组织廉政事迹报告团，到基层单位巡回演讲。

廉洁文化建设是一项系统工程，需要动员各方力量积极参与，共同完成。因此，必须加强组织领导，整合各方力量，形成整体合力，担当起构建廉洁文化使命。

建立廉洁文化建设工作格局，发挥党风廉政宣传教育协调会议制度的作用。通过整合各职能部门的宣教资源，加强对廉洁文化建设领导和协调，调动宣传、文化、教育部门和新闻媒体的积极性，创造和丰富廉洁文化建设的方式和方法，拓宽廉洁文化建设的途径，形成整体合力。

建立廉洁文化建设的领导体制和工作机制。按照"党委统一领导，纪委组织协调，相关部门密切配合、各展所长，广大干部群众通过多种形式积极参与"的党风廉政宣传教育的领导体制和工作机制，统筹安排，精心谋划，形成合力。切实把廉洁文化建设纳入党的建设和惩防体系实施计划，结合本单位实际制订具体实施细则，认真组织实施。

纪检监察机关应发挥好组织协调作用，在抓部署、抓指导、抓督促、抓落实上下功夫。有关部门要充分发挥各自的职能优势，各司其职，密切配合，形成整体合力，把廉洁文化建设的各项任务落到实处，筑牢抵御腐蚀的思想道德防线和纪律防线。

建立完善廉洁文化建设的长效机制。立足长远，着眼当前，制定廉洁文化建设总体目标、长远规划和近期工作安排。加强对廉洁文化建设的投入，在人力、物力、财力上提供保障，应有稳定的经费来源。建立健全廉洁文化建设的目标管理、考核评价和激励机制，对优秀廉政文艺作品和优秀廉洁文化项目、活动进行奖励。

建立廉洁文化建设的测评机制。应结合自身特点，制定科学的测评办法，对本单位、本部门廉洁文化建设的落实情况定期进行检查和考核，及时总结推广经验，及时解决存在的问题。对一些专项的反腐倡廉教育活动也要进行测评，根据活动次数、理解程度等，评估宣传教育的效果。

检验廉洁文化建设是否取得成效，主要看是不是促进了工作落实，是不是形成了廉洁光荣、腐败可耻的浓厚氛围和良好风尚，是不是使领导班子在政治素质、经营业绩、团结协作、作风形象方面明显提高，是不是使党员、干部思想道德素质不断提高，工作责任感和主动性增强，工作质量和工作效率提高。

　　尽管腐败现象在一些地区、一些行业、一些单位还处于易发、多发期，腐败的"出生率"大于"死亡率"，然而经过社会转型期的种种阵痛，经过全党同志的共同努力，我们一定能够彻底割除腐败毒瘤和避免染上腐败病菌，迎来海晏河清、清风满神州。

答好"担当"这道题

中华民族传统文化中，很看重担当精神，这种考验检验着一个人思想素质的高低、道德品质的好坏、党性信仰的强弱。明朝学者陈继儒《小窗幽记》有言："大事难事看担当，逆境顺境看襟度，临喜临怒看涵养，群行群止看识见。"四个看人标准中，第一个就是"看担当"。为政本色在担当。源于崇高事业和凛然正气的担当精神，内化于心，外化于行。

诸葛亮六出祁山，七擒孟获，草船借箭，火烧曹营，"鞠躬尽瘁，死而后已"。范仲淹不避艰险、不怕诬谤、敢说真话、犯颜直谏、大胆改革，"先天下之忧而忧，后天下之乐而乐"。林则徐虎门销烟，"苟利国家生死以，岂因祸福避趋之""关山万里残宵梦，犹听江东战鼓声"。孙中山愈挫愈奋，不屈不挠，"勇往直前，以浩气赴事功，置死生于度外"。

为官避事平生耻。《阅微草堂笔记》载：有个官员做官三年，大约没做过坏事，但无绩可求，纯属混混一个。一天，他要阎王爷赏他来生还去做官。阎王爷讥笑道："不贪不占，就能算是好官吗？假若不搜刮民财就为好官，那么，塑一个木偶放在官府，连井水也不喝，岂不更好，还求什么来世再去为官？"要以"避事"为耻，破除畏难苟安的思想，以敢负责、敢担当为荣。精神懈怠，遇事推诿，不愿担责任，不敢担责任，就不是合格党员，就不配当干部。

有些官吏力保乌纱帽，八方奉迎，左右逢源，逃避责任，不求有功，但求无过。宋朝大臣王珪，高居宰辅之位16年，有"三旨相公"之称，除了"取圣旨""领圣旨""得圣旨"，竟然没有自己的见解，一无是处。这类人因当官而发财，为发财而当官，成了专吃俸禄而无益于世的蠹虫。

现实生活中，有些干部不担当不作为，缺乏信心与斗志，面对工作任务马虎凑合，或躲躲闪闪，甚至摆出"躺平"姿态，被群众称为"躺平式干部"。"躺平"指的是人们在现实压力面前不愿抗争、不再渴求成功的一种心态。"躺平式干部"在日常工作中无欲无求，缺乏动力与热情，自诩"不求名利，无私无畏，佛系人生"，其实是庸政懒政，将担当与干劲一并卸掉的行为。"躺平式干部"缺的就是担当，少的就是责任，他们规避风险，消极度日。

2022年2月8日，虎年的第二个工作日，在浙江省丽水市景宁畲族自治县召开的工作会议暨"大抓招引、大干项目"动员部署会上，三个"躺平者"单位的负责人上台，从县领导手中接过一面黄色旗子，旗上印着"不做躺平者　勇做奋斗者"

的鲜艳红字。景宁县此举，只是全国各地向"躺平式干部"亮剑的一个缩影。

担当是党员领导干部职责所系、使命所然，为政本色在担当。只想比别人得到更多的尊重和实惠，却不想受累和担当，天下哪有这样便宜的事。2021年9月1日，习近平总书记在中央党校（国家行政学院）中青年干部培训班开班式上指出："做事总是有风险的。正因为有风险，才需要担当。凡是有利于党和人民的事，我们就要事不避难、义不逃责，大胆地干、坚决地干。"

虞诩是东汉名将，为官清廉刚正。汉安帝年间，朝歌一带遭到叛匪数千人连年聚众作乱，州郡无法平定。当朝廷派虞诩去朝歌当县令时，虞诩的朋友都替他担忧，他却坦然答道："事不避难，臣之职也。"

事不避难、义不逃责，面对矛盾敢于迎难而上，面对危机敢于挺身而出，面对大是大非敢于亮剑，体现着干部的胸怀、勇气、格调。"大石拦路，弱者视为前进的障碍，勇者视为前进的阶梯。"党员领导干部要始终保持"等不起、坐不住、慢不得"的紧迫感，心中有责，勇于担当，经受历练，为官有为，一级带着一级干，一级做给一级看，以担当带动担当，以作为促进作为，增强工作责任感和主动性，提高工作质量和工作效率，摒弃推脱绕躲式"躺平"、未老先衰式"躺平"等，不做装睡的"稻草人"、避事的"太平官"。

2021年9月7日早晨7点前，笔者来到鞍钢齐大山铁矿郭明义办公室。郭明义说:"我们先到食堂吃早餐,然后到采场。"在工作繁忙的采场,笔者了解到,郭明义1995年入职,20多年间坚持每天提前一个多小时到采场,视察路面情况,指挥修路作业,和工人干在一起,节假日也不休息。党支部书记艾喜民说:"无论寒暑,老郭只要在家,就天天上山,从不间断。平常老郭总把'修路胜于修车'挂在嘴边。从事采场修路工作20多年,老郭严谨、较真儿,对待采场公路像呵护自己的眼睛一样精心。"在采场掌子面上,有多处用碎石围着的水渠。以前,山水经常泛滥,把采场公路淹没,阻碍生产运行。作业区根据郭明义的建议,挖掘百米至数百米的排水沟,将水引到渗水点,然后围堰成渠。这样,不仅解决了水患治理难题,还可以用渠里的水喷洒公路抑制扬尘,运输车辆也可以沿着预留口,开进来清洗轮胎。

"老郭确实是立得起、站得住的楷模,他从骨子里就是一个爱岗敬业、乐于奉献的人,有颗忠诚的心。"齐大山铁矿党委书记李春凯如此评价郭明义。2017年7月,齐大山铁矿党委在机关干部中开展"当一日岗位职工"活动,真正到工人中去,体会工人疾苦,了解工人想法,帮助工人解决实际困难。齐大山铁矿平均每月有160名干部深入一线生产班组,和普通职工一起,真干实干。如今,近50公里的采场公路,安全警示标志齐全,路面宽阔平整,基本达到"晴天不见灰、雨天不见泥"的状态;采场连续8年实现安全行车无事故,采场道路成为"美丽齐矿"的一道亮丽风景线和精品工程。广大职工群众踊跃参与"跟着郭明义学雷锋"活动，掀起"岗位作贡献，工作创一流"新热潮，并在全矿得到积极响应和推广。

大凡做大事、创大业者，都是勇于担当者，都是忧患意识、使命意识和责任意识强烈的人，都是敢为天下先、敢于坚持真理、敢担风险、敢作敢为的人。

2021年9月25日，孟晚舟在《月是故乡明　心安是归途》一文中写道："一次次坠入深渊，又一次次闯入暗夜，曾让我辗转难眠，更让我刻骨铭心。泪水抱怨化解不了愁苦，伤春悲秋翻越不过泥泞，与其困顿挣扎，不如心向阳光，冲出阴霾。有些风浪，难免艰险，唯有直面才能扬帆远航；有些抵达，难免迂回，历尽波折终会停泊靠岸。""有一种浪漫叫并肩作战，有一种纯粹叫全力以赴，有一种果敢叫奋不顾身，回首此间，满是静水流深的情义和雷霆万钧的担当。"

对工作、事业、任务，敢于负责，勇于担当，是使命所在，是强烈事业感的表现。能够担当责任的人，才能担当更多的使命，承接更多的事业。

要常怀忧党之心，做起而行之的行动者，不做坐而论道的清谈客；恪尽兴党之责，当攻坚克难的奋斗者，不当怕见风雨的泥菩萨。勇于担当，在大事难事面前敢于勇挑重担、敢于负责，在急事危事面前挺身而出、冲锋在前，在名利地位面前不计得失、顾全大局。破除"干得越多，犯错误的概率越高"的想法，重点解决不作为的问题。拿出"明知山有虎，偏向虎山行"的勇气，保持"不可夺志"的气概、昂扬奋进的锐气、澎湃不息的激情，面对矛盾敢于迎难而上，敢于拍板，忠诚履责。

鲜明树立重实干重实绩的用人导向，选拔敢于负责、勇于担当、善于作为、实绩突出的干部。勇于担当不是乱作为，而是要善作为，坚持知行合一、真抓实干。让敢于担当的干部有底气，主动为他们保驾护航、撑腰鼓劲、解除后顾之忧。让敢于担当的干部有位置，有多大的担当就给多大的平台和责任。对个性鲜明、坚持原则、敢抓敢管、不怕得罪人的干部，符合条件的大胆起用。强化考核，使政治坚定、奋发有为的干部得到褒奖和鼓励，使慢作为、不作为、乱作为的干部受到警醒和惩戒。

中央纪委国家监委网站2022年10月25日刊发《河南：坚持严管与厚爱结合 激励干部担当作为》一文，其中写道：河南省纪委监委贯彻"惩前毖后、治病救人"方针，坚持严管与厚爱结合、激励与约束并重，精准运用"四种形态"教育帮助党员干部。2021年以来，全省纪检监察机关运用前两种形态批评教育帮助和处理干部占比91.2%，通过制发纪检监察建议书、约谈提醒、诫勉谈话等方式，对苗头性、倾向性问题早提醒、早纠正，防止干部思想滑坡、行为失范、误入歧途。

河南省纪委监委具体落实"三个区分开来"，建立健全干部激励机制、容错纠错机制，鼓励干部干事创业。洛阳市纪委监委制定实施激励担当作为相关措施25条、容错免责清单16条、鼓励支持创新发展相关措施24条，并印发20起容错免责典型案例加强指导。漯河市纪委监委建立干事创业风险事前报备制度，细化26项具体情形。

严有标准、宽有尺度，不能让干部因怕被问责而束缚住干事创业的手脚。郑州市纪委监委分析评查问责案件623个，发现问题案件46个，反馈并整改问题79项，防止问责泛化、简单化。

此外，该省出台《河南省纪检监察机关关于受处理处分人员回访工作暂行办法》，对被问责干部持续开展关心关爱、帮扶教育、跟踪回访活动。驻马店市纪委监委通过定期回访和重点回访、直接回访和委托回访相结合，有针对性地回访2913名人员，鼓励其从"有错"向"有为"转变。

国家以艰苦奋斗而强，团队以勤勉创业而兴。我们比历史上任何时期都更接近、更有信心和能力实现中华民族伟大复兴的目标。《中共中央关于党的百年奋斗重大成就和历史经验的决议》指出："全党要牢记中国共产党是什么、要干什么这个根本问题，把握历史发展大势，坚定理想信念，牢记初心使命，始终谦虚谨慎、不骄不躁、艰苦奋斗，从伟大胜利中激发奋进力量，从弯路挫折中吸取历史教训，不为任何风险所惧，不为任何干扰所惑，决不在根本性问题上出现颠覆性错误，以咬定青山不放松的执着奋力实现既定目标，以行百里者半九十的清醒不懈推进中华民族伟大复兴。"

第二个百年奋斗目标，已是看得见桅杆尖头的航船，是已见光芒四射喷薄而出的红日。有志向、有抱负的共产党人不辱使命，把责任扛在肩上，以奋发有为、勇于担当的精神状态，逢山开路、遇水搭桥，撸起袖子加油干，"只顾攀登莫问高"，把自身价值和人生光彩展现在中华民族伟大复兴之中。

阅读延伸

以"三精准"强化"三不腐"

2022年以来，鞍钢集团国贸公司纪委以习近平新时代中国特色社会主义思想为指导，认真学习贯彻党的二十大精神，落实鞍钢集团党风廉政建设、纪检监察工作部署，坚持严的主基调不动摇，发扬自我革命精神，刀刃向内，敢于斗争，以"三精准"强化"三不腐"，推动纪检工作走深走实，为贸易经营工作高质量发展提供坚强保障。

一、严格精准执纪，强化不敢腐的震慑

2022年以来，审查各类问题线索19件，立案审查问题线索6件，立案人数占国贸公司296名党员总数的2%，初核（函询）了结问题线索8件，成案率43%。其中，包括1起三级副职领导人员受贿10余万元的严重违纪案件，同时，给予开除党籍处分1人、留党察看1人、解除劳动合同处罚1人、党内警告处分2人。

一是拓展案源，精准挖掘问题线索。充分发挥纪检、审计、党政督查协同优势，依靠自身力量广泛挖掘有价值的问题线索。2022年初以来，通过专项监督、专项治理等手段发现问题线索4件。如：通过审计监督，主动发现1件涉及招投标管理问题线索；通过广泛查询，深入挖掘1件领导人员严重违纪问题线索。

二是统筹分析，科学配备办案力量。2022年初，召开案件专题会，对集团纪委转办、巡视移交、国贸公司纪委自收的所有问题线索进行全面梳理、分析研判，结合线索特点，精准配备核查人员。运作纪律审查人才库、审查、审理小组工作机制，抽调人才库成员10余人次配合办案。针对可查性强、情况复杂的问题线索，整合办案力量，充分发挥党建、审计、财务、法律、监事等人员专业优势，实施重点突击；针对反映情况单一、可查性不高的问题线索，坚持快查快结，确保集中优势兵力打歼灭战。

三是密切跟踪，全力推动核查工作。坚持每周召开案件工作会议，将线索逐个过筛子，逐一听取调查进展，针对难点问题开展交流研讨，形成解决方案，同时，深入一线指挥办案。针对银行、股票等外部信息查询难、取证难、取证周期长的问题，创新取证方式，采取2名核查组成员与被调查人共同取证的方式，由被调查人向银行等机构提出取证要求，外部机构出证，核查组人员现场取证、见证的方法，有效提高工作效率。

四是强化协调，严格执行审查机制。严格执行查办案件以上级纪委为主的工作要求，针对核查中存在的困难，初核、立案、审理等关键节点工作进展，均及时向集团纪检监察室、案管室、审理室、集团纪委领导进行口头或书面报告，坚决执行上级意见。在鞍钢集团纪委精心指导和攀钢纪委大力支持下，采取异地企业协作、内部交叉办案等方式，成功突破1起三级副职领导人员受贿10余万元的重要案件。核查工作涉及辽宁、四川多地，克服证据资料年代久远等多种不利因素，不畏困难、敢于碰硬、勇于斗争，成功完成重点案件调查取证、立案审查工作。

二、深化精准监督，强化不能腐的约束

2022年以来，以精准监督为切入点，创新建立《把握运用监督执纪"第一种形态"实施细则（试行）》，推动主动发现报告问题。2022年1—11月，发现苗头性、倾向性问题10件，规范运用监督执纪"第一种形态"处理18人次，同比增长400%，占国贸党员总数的6.2%。

一是强化对"关键少数"的日常监督。立案审查

三级副职及以上领导人员2人，占同职级领导人员总数的12%。通过民主生活会、党委书记专题会、日常提醒等方式，督促党委班子成员履行"一岗双责"，强化分管领域日常监督，精准发现苗头性、倾向性问题，党委班子成员把握运用监督执纪"第一种形态"约谈提醒8人次。

二是发挥纪检委员支部监督作用。坚持把监督落在支部上的工作思路，组织党（总）支部报告年度监督工作，召开半年纪检工作推进会，与监督表现突出的纪检委员进行经验交流。同时，将支部监督工作纳入党建考核体系，对监督工作表现突出的支部给予党建加分。2022年上半年，招标公司通过深化支部监督，梳理发现廉洁风险1062项，对1000余家供应商进行了处理。

三是规范运用监督执纪"第一种形态"。结合国贸公司下设党（总）支部特点，创新采取"7+4+8+12"的工作方式，实现监督执纪"第一种形态"全流程闭环管理。聚焦问题源头，明确了"第一种形态"问题来源的7种具体情形；聚焦流程设计，规范了运用"第一种形态"的4项工作流程；聚焦实践操作，细化了运用"第一种形态"的8种工作方式；聚焦痕迹管理，建立了可使用、可检查、可追溯的"第一种形态"12种工作清单模板，初步解决了"第一种形态"

做什么、谁来做、怎么做的问题。

三、坚持精准教育，强化不想腐的自觉

2022年初以来，国贸公司党委、纪委多层次、多角度、全方位开展党风廉政教育，精准化推动廉洁教育走深走实，不断强化党员干部不想腐的内在自觉，有4名党员干部主动向纪委报告问题。

一是党委开展全员廉政教育。2022年初克服疫情影响，利用信息化手段，组织召开国贸全员警示教育大会，观看警示教育片《零容忍》，通报鞍钢集团、国贸公司8起典型案例，党委、纪委就廉洁自律提出要求。春节前夕，对内向全体员工家属发送"家庭助廉信"，对外向国内外供应商发送中英文"廉洁共建信"，多角度开展党风廉政教育。

二是党（总）支部开展现场警示教育。针对党员处分情况，在违纪党员所在党（总）支部组织召开2次党员大会，现场宣布违纪党员处分决定，受处分党员现身说法、谈思想认识，党（总）支部书记提出工作要求，"面对面"靶向开展警示教育，用身边事教育身边人。

三是针对特殊群体，差异化开展廉洁提醒。紧盯"关键少数"，结合日常履职、合规经营、巡视整改、廉洁风险防范等内容约谈提醒领导人员近20人

次，其中各单位"一把手"10人。紧盯境外人员，纪委与每名员工进行出境前个别谈话，推动境外员工廉洁、安全、防疫谈话提醒全覆盖。紧盯年轻干部，以新提职80、90后干部为重点，深入开展谈心谈话，利用年轻干部违规违纪典型案例开展廉洁教育，帮助年轻干部扣好廉洁自律"第一粒扣子"。

鞍钢国际贸易公司　王伟任

常破"心中贼" 战胜"围猎"

守住拒腐防变防线，最紧要的是守住内心，从小事小节上守起，正心明道、怀德自重，勤掸"思想尘"、多思"贪欲害"、常破"心中贼"，以内无妄思保证外无妄动。

——2022年3月1日，习近平在中央党校（国家行政学院）中青年干部培训班开班式上的重要讲话

增强不想腐的自觉

"见理明而不妄取",就是在理想信念和伦理道德指导下自觉地保持廉洁,做到不想腐。习近平总书记指出:"强化不敢腐的震慑,扎牢不能腐的笼子,增强不想腐的自觉,通过不懈努力换来海晏河清、朗朗乾坤。"党章明确提出:"深入推进党风廉政建设和反腐败斗争,以零容忍态度惩治腐败,一体推进不敢腐、不能腐、不想腐。"这是对反腐败斗争规律的深刻认识和准确把握。

不想腐体现的是政治觉悟,蕴含着共产党人的世界观、人生观、价值观。不想腐与不敢腐、不能腐比起来,靠的是自觉与自愿,境界更高,要求更高。无论制度如何完善,执法如何严厉,抗拒贪腐诱惑的关键是人要秉持道德操守、坚守思想防线。要求党员干部不想腐,就要从源头预防和治理腐败,通过坚定理想信念教育,增强宗旨意识,筑牢廉洁奉公的思想基础,铸就拒腐防变的精神防线。

杜绝腐败滋生，必须从源头开始治理。《国语·晋语》说："伐木不自其本，必复生；塞水不自其源，必复流；灭祸不自其基，必复乱。"砍伐树木如果不从树根下手，必然又会生长出来；堵塞水流如果不从源头下手，必然又会流淌下来；消灭祸乱如果不从根基下手，必然又会生动乱。古人之言，告诉我们一个道理：治标务求治本。而治本首先必须修德，修德必须修心。东汉文学家王逸注释："不求曰清，不受曰廉，不污曰洁。""不求"语出《诗经》"不忮不求"，意思是说不嫉妒、不贪求，是君子的德行。曾国藩在写给儿子的家书中说："圣贤教人修身，千言万语，而要以不忮不求为重。"要想成就事业、树立高尚品德，首先就要去"忮心"、去"求心"，做到心地干净，保持清廉本色。

不想腐要从修身立德做起。"种树者必培其根，种德者必养其心。"不想腐，从根本上说要靠内因。中华传统文化中的廉政文化源远流长、深入人心。"文化而润其内，养德以固其本。"在增强文化自信中坚定理想信念，坚持用中华优秀传统文化滋养心灵，涵养心性，多些书卷气，多些文化味，多些精气神。

我们党除了工人阶级和最广大人民群众的利益，没有自己特殊的利益。因此，清廉是政治本色，不想腐是必然要求，是对党的性质和宗旨的坚守，是实现政治生态山清水秀的"最后一公里"。

许多案例一再警示我们，把权力和发财掺和在一起，迟早要完蛋。习近平总书记指出，"当官发财两条道，当官就不要发财，发财就不要当官"。这番谆谆教诲，鲜明指出了从政为官应有的价值取向和道德底线，可谓语重心长。之所以把加强道德修养当作党员干部重要的人生必修课，是因为社会公众对党员干部的道德要求比普通人更高。正人必先正己。"其身正，不令则行；其身不正，虽令不从。"只有严以修身、以德施政、以德感人、以德树威，才能筑牢理想根基，不忘初心有境界，常怀奋斗之志，不移为民之心；只有自觉追求崇高、永葆清廉、保持正气，才能经得起严峻考验。

《菜根谭》有言："人只一念贪私，便销刚为柔、塞智为昏、变恩为惨、染洁为污，坏了一生人品。"一些党员领导干部面临诱惑把持不住，关键在于有私心，不想腐的思想闸门把得不紧。要坚定理想信念，恪守为民宗旨，把正用权"方向盘"，自觉践行社会主义核心价值观，筑牢拒腐防变的思想防线，自觉做到不想腐。

不想腐展示的是境界与情操，需要风清气正的外部环境来保障。要在严肃党内政治生活上下真功，切实提高党的组织生活的质量。"三会一课"是党组织生活的基本形式，要坚持按规定开好党员大会、支委会和党小组生活会，上好党课，使党员经常处于党组织的管理之中。必须认真解决"三会一课"不能按时召开和质量不高的问题，要认真落实"三会一课"、民主生活会、领导干部双重组织生活、民主评议党员等制度，要把批评和自我批评作为防身治病的有力武器，通过积极健康的思想斗争，不断洗涤每个党员干部的思想和灵魂，着力清除党内各种政治灰尘和政治微生物。

廉政文化作为一种潜在的力量，为反腐倡廉提供了智力支持、思想保证和舆论氛围。廉政文化建设抓好了，可以促进党员干部不想腐，促进全社会形成廉荣贪耻的良好风尚。廉政文化建设要以先进的廉政制度为基础，发挥廉政文化建设的自身特色，围绕廉政主题开展一系列切实有效的文化教育活动，拓宽教育的覆盖面，提升教育的效果。

选拔、树立、宣传勤廉兼优的典型人物，是廉政文化建设的重要举措。廉政文化的实质是"人化"，廉政文化的功能是"化人"。勤廉兼优的先进人物的奋斗经历和感人事迹，具有很强的示范和导向作用。应采取多种方式，培养、总结、树立、宣传本单位廉政典型，请演讲员讲廉政典型事迹，发挥典型的辐射、带动、引导作用，使共产党员的先进性和纯洁性形象化、具体化、人格化、日常化，营造一个见贤思齐、学习典型、争当典型的良好氛围。

警惕"心中贼"作乱

人来到世间时，犹如清澈的秋水、皎洁的皓月，一旦被贪欲染污，就会呈现出恶、丑等种种表象。《淮南子·齐俗训》云："日月欲明，浮云盖之；河水欲清，沙石秽之；人性欲平，嗜欲害之。"太阳、月亮想要光芒四射，可是飘浮的云层遮盖了它；江河的水想要清澈澄净，可是泥沙乱石污染了它；人的性情想要平淡节制，可是嗜好欲望损害了它。

"欲"字与"火"字常连在一起，控制不住自己就会引火烧身，毁掉前程，毁掉家庭，毁掉幸福。孔子说："君子有三戒：少之时，气血未定，戒之在色；及其壮也，血气方刚，戒之在斗；及其老也，血气既衰，戒之在得。"孔子是根据人的生理年龄来界定贪欲之害的。而从官场反复出现的贪腐来看，与年龄无关，皆因权力是滋生腐败的土壤，贪欲是权力肌体上的寄生瘤。权力的支配性可以对社会一切稀缺资源进行分配，从而使贪欲之念可随意实现。天下最大的过错是迷恋于贪，贪得无厌。这种过度的欲望使人目光短浅，给人带来烦恼，迟早有一天会被自己打倒，带来灾祸。

2021年12月15日，中央纪委国家监委网站发布文章《嚣张狂悖 自取罪戾》，剖析了江西省宜春经济技术开发区党工委原副书记、管委会原主任邓某某严重违纪违法案件。他在一些老板身上将"权力变现"发挥到极致：为商人胡某某在工程建设、土地开发、挂靠公路局下属企业承接项目、工程造价上以及招投标等方面大开"绿灯"，收受胡某某贿赂高达2000余万元，其中单笔受贿就达上千万元；收受绿化工程老板周某某贿赂250万元……八年时间，在工程建设方面，邓某某敛财超过3000万元，彻底把自己变成了金钱的奴隶，被开除党籍、开除公职处分，判处有期徒刑18年，并处罚金人民币200万元。

乐喜，字子罕，春秋时期宋国贤臣，曾长期担任相国之职，一生为政清廉，生活俭朴，被时人称为"仁相"。有一年，宋国有一个人得到了一块稀世之宝。这个人觉得献给乐喜比较合适，因为乐喜治国很有成效，他的一些政治主张和措施顺应了民众的意愿。不料，乐喜却予以拒绝，并解释说："我的信条是以不贪为宝，您则以这块美玉为宝。如果您把玉石献给了我，那我失去了廉洁，您失去了玉石，咱们两人都把自己的宝物丢掉了，倒不如各自都留住自己的宝吧！"

有的贪污腐败的领导干部有一个苦难的童年，奋斗的青年，上升的中年，悲惨的晚年。许多事实证明，懂得满足，不贪不占，才能免受屈辱；懂得适可而止，才能保持平安和幸福。"德不配位",一味贪婪,想得到更多的东西,结果已有的东西也失去了。一个落马国企高管在忏悔书中写道:"贪欲就像鸦片,一旦上瘾很难戒掉;贪欲又像老面,一遇机会,它会膨胀。"贪欲让腐败分子彻底成了金钱或美色的俘虏。

古井集团原董事长王某某曾说:"谁能打垮古井?将是古井自己人。""古井要垮也就垮在我王某某手里。"这句话还真被他说中了。曾被吹捧到中国"酒界第一人"虚位的王某某,在退休前却意外落马。10多年间,他利用职务之便,在原材料采购、广告承揽、合股经营、企业收购等方面"慷公家之慨",将千万元贿金放入自己腰包,领刑无期。那么,是什么东西打垮了他?是过度自负,是无休止的贪欲。一个领导者若连自己都管不好,不自敛自律,终会被自己打垮。

贪污受贿、骄奢淫逸是事业成功的大敌,是惹事招祸的首因。人的贪欲膨胀,自制力就会大大降低,心里的天平就会倾斜,行动上就会失去约束,不把党纪国法当回事。即使是受过良好教育的人,如果纵容"心中贼",久而久之,便会由量变到质变,变得面目可憎,变得不可理喻。什么原则、制度、党纪、国法,什么官德、人格、廉耻,竟然都被抛至九霄云外。贪婪侥幸一阵子,坐牢后悔一辈子。贪污受贿,让一名党培养多年、为事业奋斗多年的人锒铛入狱,让本值得回忆的人生留下深深的遗憾。一个人成为贪官,付出的代价太大,实在划不来,是非常不值得的。一旦受到党纪政纪的惩治,轻者警告、降职,重者开除党籍和公职,步履蹒跚锒铛入狱,断送自己前程。

呕心勤政万次少，贪赃枉法半回多。有些党员干部存在着严重失衡的心理：有的因收入不多而感到"亏"得太多，看到少数人一夜"暴富"的现实，不能正确对待分配上出现的反差；有的因为没有提拔而不能正确对待个人的进退，在自感升迁无望或面临退休时，把权力当作交易的资本，疯狂攫取金钱，最终坠入犯罪深渊。不是正道来的钱财，虽然拥有了，心里头却是空落落的，内心世界充满了空虚、恐惧与压抑。

党员干部要自觉遏制住自己的一些欲望，既要抵制官欲、权欲，不眼热权势显赫，又要抵制物欲、钱欲，不奢望金银成堆。不要忘记党组织的嘱托，不是自己的东西不能拿，要时时处处用党的纯洁性要求对照自己、检点自己、修正自己、提高自己，要求别人做的自己带头做到，要求别人不做的自己带头不做。

切莫放纵贪欲

明朝名臣杨继盛曾有自勉联："铁肩担道义，辣手著文章。"他写的《言志诗》耐人寻味，给人启迪："饮酒读书四十年，乌纱头上即青天。男儿欲画凌烟阁，第一功名不爱钱。"

党员领导干部手中掌握权力和资源，面临着诱惑和考验。因腐败问题倒下的干部，刚开始都是因为理想信念滑坡，在一些小事情上放松了对自己的道德要求，忽视了自身修养，被贪欲吞噬，最终抵挡不住金钱美色的诱惑，自觉不自觉地逐渐陷落下去，走向腐化堕落的深渊。不顾一切地攫取金钱、权力、美色，到头来多半是肇祸崩溃。

《中国纪检监察报》2021年8月11日报道，浙江省公安厅原警务技术二级总监丁某某忘记了入党时的铮铮誓言，从一名有志青年沦为腐败典型。"贪婪心让我的'胃口'越来越大。"在忏悔书中，丁某某这样剖析自己。生活中，他追求着极致的高标准，却又不想自己花钱，总希望什么都能有人买单，有人送上。吃、穿、住、行，样样向商人看齐，样样由商人买单，不知不觉间，丁某某成为一些不法商人的重点"围猎"对象。

2001年至2006年，在帮助刘某的公司承接下暂住证印制、暂住人口管理系统建设等业务后，丁某某先后8次收受刘某所送的巨额好处费，尤其是2004年收受的两笔好处费，每笔都高达50万元。在大连某房地产项目投资100万元，投资入股某信息技术股份有限公司100万元，投资入股陈某的印业公司140万元……明里当官，暗里当老板，据统计，丁某某从这些"副业"中获利180余万元。多年来，丁某某心甘情愿被一些不法商人"围猎"，整日与他们称兄道弟，每每还以"江湖大哥"自居。丁某某以受贿罪，被开除党籍、开除公职，判处有期徒刑10年6个月，并处罚金人民币60万元，对其违法所得予以没收，上缴国库。

《中国纪检监察报》2024年3月13日报道，贵州省供销合作社联合社原党组成员、理事会原副主任杨某某因犯受贿罪，被判处有期徒刑10年，并处罚金人民币100万元。他在忏悔录中写道："我违反党纪党规，主要还是不遵戒尺，不把操守，不守底线，没有正确处理好公与私、情与纪、亲与清、俭与奢、得与失的关系，最终突破了自己安身立命的廉洁从政底线。没有敬畏之心，自寻烦恼，我为此忏悔。"

在永不知足心态的驱赶下，不择手段地掠取、占有，即使生活富足也毫无幸福可言。道德谴责感、对法律的恐惧感同时相伴而生，使生命的质量大打折扣。这并不是善待人生。君不见，有些贪官，一有人出事就寝食不安，深恐把他也说出来；警车鸣笛，便心惊肉跳，真是草木皆兵；半夜一觉醒来，后半宿就睡不着了。假若你真的贪了，那么你的精神生命必然要受到创伤。

世人如何不心安，只因放纵欲望船。贪欲是永难填满的无底洞，金钱多了还要多，美色占了还要占，权位高了还要高。贪婪是导致领导干部道德沦丧、腐化堕落的思想根源。一个人德之不修，欲望太多，就缺少智慧与灵性，就会蒙受损失，其位危矣。司马光说："侈则多欲。君子多欲则贪慕富贵，枉道速祸；小人多欲则多求妄用，败家丧身。"这确是悟道之言。

有的领导干部忘记了自己肩负的职责，私欲极度膨胀，奢靡占了上风，权力被熏染上了铜臭，盲目与他人比收入、比奢华，由羡慕到追求，忘记了一名党员干部应有的操守与品行，利用手中的审批权转换为货币收入。其中挪用公款2683万元、获刑13年一案的主角陈某某，是浙江省某大型建设类国有企业下属分公司财务负责人。两年间，她利用掌握的财务权力，以缴纳税款、支付材料费等名义，挪用公款达2000余万元。陈某某虽然只是国企下属公司的管理人员，但对公司财务具有话语权，两年时间就挪用巨额公款，数额之大，令人惊讶。

《中国纪检监察报》2021年7月28日刊登了海南省农业厅原巡视员朱某某的案例剖析。朱某某认为"仕途无望"后，思想上随波逐流，工作上得过且过，生活上放纵自己，把企业送来的钱物当作家常便饭，理所当然。朱某某开始趁手中尚有权，为自己捞些好处，准备后路。于是，小至几千元的发票报账，大至上百万元的现金贿赂，朱某某疯狂敛财，先后收取了30多家企业和个人送来的钱款1300余万元，最终被执行有期徒刑16年，并处罚金200万元。

贪婪的人，一时富有了，内心却还不知足；知足的人，或许贫穷，内心却很满足。经常感到知足，才能真正享受生活本身的幸福和快乐，才是真正富有的人。正如一首诗所言："心安茅屋稳，性定菜根香。世事静方见，人情淡始长。"无形的财富比有形的财富更为重要。快乐并不是拥有很多，而是倍加珍惜拥有的，懂得享受拥有的。

怀着侥幸心理做些违纪违法的事，终要栽跟头，失去名声、地位，失去一生的清白与自由。有的人自以为其行动天衣无缝，无人知晓，或者主观认定行贿人不会出卖自己，纪委、检察机关并未掌握证据；有的人认为"我手中有权，即使做些不合法的事，照样能摆平，不会出问题"。这种侥幸心理是绝对靠不住的！如果不注意防范"找上门"的错误，一旦收了别人的好处，落入圈套，便身不由己。不仅害了自己，而且祸及家庭，导致家庭幸福的破灭。党的十八大以来高压反腐，一个个高官败露落马，有力证明了腐败犯罪就要付出惨重代价。

"鸟之将死，其鸣也哀；人之将死，其言也善。"一名落马贪官如是说："肮脏的金钱啊，昔日你像美女一样诱惑着我，今天又像魔鬼一样害得我家破人亡。这时，只有这时，金钱在我眼中变成了毫无价值的符号，金钱能买来人的尊严吗？能买来合家欢聚的幸福生活吗？能弥平亲人、朋友心中的伤痕吗？"可惜一切都悔之晚矣！如果他们在违反党纪，滑向犯罪深渊之路上早些警醒，不让拜金主义的尘埃蒙蔽了双眼，不让邪道来的金钱给心灵套上沉重的枷锁，可能结局会完全不同。

在金钱诱惑面前，对与错只在一瞬间，一定要把好廉政关。要珍惜名节，守住思想道德防线，还是把金钱看得淡一些为好，"不戚戚于贫贱，不汲汲于富贵"，决不能为了物质利益而牺牲人格和尊严，决不能沦为金钱的俘虏，为金钱所左右。

人至官位要缚心

元代任仁发有《二马图》，画中一瘦一肥两匹马，分别代表勤政廉明的清官和欲望无度的贪官。耐人寻味的是，其中瘦马的缰绳套在马颈上，意为自我约束，"瘠一身而肥一国"；而肥马的缰绳是松开的，意为脱离约束，"肥一己而瘠万民"。古人云："骥走崖边须勒缰，人至官位要缚心。"马走到悬崖边上就要勒住缰绳，否则就会坠入悬崖。同样，当官的人要束缚住心里的欲望，认清放纵之险，读懂腐蚀之害，深知贪欲之祸，面对金钱利益诱惑多一分冷静、少一些狂热，遇到美色诱惑多一分理智、少一些冲动，严格约束自身行为，言有所戒，行有所止，否则容易被诱惑，导致身败名裂。

严格要求自己，加强自我约束、保持廉洁自律，是党员干部的随身法宝，是拒腐防变的内在动因。孟子说："人必自侮，然后人侮之；家必自毁，而后人毁之；国必自伐，而后人伐之。"廉洁从业也是如此。"围猎"也好，"温水煮青蛙"也罢，只有廉洁自律、洁身自好才是坚守底线，才是关键。党员干部要坚守初心，不为私所困、不为情所迷，做到心正身正，以自我约束净化心灵，遏制贪欲，提高自身拒腐防变的内定力。

越在风光之处，越在进步之时，越要在自身修养上下功夫。每日每思常有忧患之心，每言每行常有谨慎之心，每年每月恪守公仆之心，注意小毛病的修正，莫用手中权力谋取私利，杜绝讲排场、比阔气、挥霍浪费；给兴趣爱好"加把锁"，给工作之余"上道岗"，给亲情设"防火墙"，保持坚定的党性、良好的品行、清醒的头脑。

从形形色色的交往小节上自律，是抵拒外物引诱的防御，是摆在每个党员干部面前一个重要而紧迫的课题。胡某，某中心卫生院原副院长，中共党员，在其50岁生日时，邀请本单位职工、辖区乡村医生等管理服务对象参加，两天共办酒席9桌，收受管理服务对象礼金共计43700元。胡某在上级明确禁止党员领导干部大肆操办婚丧喜庆事宜的情况下，仍然我行我素；违规操办生日宴席明显属于顶风违纪，在社会上造成严重不良影响，属于严重违反廉洁自律行为。同时，鉴于胡某还有其他违纪行为，其最终受到了开除党籍、开除公职处分。

自我约束是内定力，是"防火墙"，是"安全带"。如果一个人不能自我约束、保持廉洁自律，则一切美好的理想均属奢谈，一切周密的计划亦将流于形式。宋代真德秀有言："廉者士之美节，污者士之丑行。士之不廉，犹女之不洁。"（《西山政训》）常思奢靡之始实是衰败危亡之渐，不忘初心，自重、自警、自省、自励，修葺自己的思想园地，剪去行为上多余的枝叶，对于把握人生的正确方向至关重要。一些党员领导干部大都有光荣的历史，做过有益的事情，之所以在与"大款"、外商来往中接受礼金、回扣，在外出时栽倒在石榴裙下，教训最深刻之处在于，忘记了初心，放松了自律要求，陷入腐败的"沼泽地"。作为党员领导干部，修身慎行、廉洁自律永远没有"休止符"，必须时时筑牢防微杜渐的思想堤坝。

一个人唯以私欲是依，悉一己好恶而行事，所得之快乐结算相抵之余，必然是得不偿失的。一些党员干部之所以落马，根本原因是在诱惑面前把握不住自己、控制不住自己。"胜人者有力，自胜者强。"一个人能不能战胜诱惑，关键在于自己的思想、品德。党员干部在千军万马之中披坚执锐、所向无敌，固属强者；能够完全战胜一己私欲的人，也是强者。为政、从业之要在于廉洁，廉洁之本在于自律，自律之道在于防患未然。廉洁自律既是一个永恒的话题，也是一个终身课题，是党员干部的立身之本、处事之道和为政之要。

党员干部必须加强自律、慎独慎微，经常对照党章检查自己的言行，加强党性修养，陶冶道德情操，永葆共产党人政治本色。廉洁自律是党员领导干部的一种美德。要注重自觉同特权思想和特权现象作斗争，注重在选人用人上把好方向、守住原则，注重防范被利益集团"围猎"，注重自觉主动接受监督。一位哲学家说过："人不一定能够使自己伟大，但一定能使自己崇高。"这里的"崇高"，包括改造主观世界，严格自律，淡泊名利。党员干部应把"常怀律己之心"作为座右铭，遵守党纪国法，提升思想境界。做人当正己，诚信守法，勿打"擦边球"；从业当自律，永葆廉洁本色，不触"高压线"。自律自制，方能立于不败之地；放弃自律自制，会使自己逐渐堕落。

莫让铜臭染身心

多少年来，金钱与人格一直发生着"碰撞"和"较量"，体现在社会、官场的各个层面。铜臭所在，天下污浊；铜臭沾身，人格沦丧。《汉语大词典》解释"铜臭"："铜钱的臭气。原用来讥讽用钱买官或豪富者。后常用来讥讽唯利是图的人。"

市场经济的存在离不开钱这个媒介，一些人产生了认为金钱不仅万能，而且是衡量一切善恶是非的价值标准的拜金主义思想和行为，以至于迷住心窍，成为金钱的奴隶。一位哲人说过："从不要人格开始就必然步入毁掉自身的'魔区'。"

一个领导干部曾在干部大会上讲过："钱这个字，金字旁代表金库，两个戈代表两个持枪的卫兵在把守，所以手莫伸，伸手必被捉。"然而，他在台上台下不一样，伸手被捉的不是别人，正是他本人。

贪婪与堕落是一对孪生兄弟。金钱给人们的并不都是幸福——不是正道来的金钱，是沉重而罪恶的负担。应认清"贪"字近乎"贫"，"婪"字近乎"焚"的道理，切不可掉进"钱眼儿"，成为金钱的奴隶。不少贪官思前想后，实在是得不偿失：自毁前程，倾家荡产，家破人亡，身败名裂，痛不欲生。一位落马贪官在位5年，敛财千万，被捕后作诗忏悔："钱遮眼睛头发昏，官迷心窍人沉沦。只因留恋名利地，终究成为犯罪身……"

在金钱面前，人性的善恶、良莠、高下纤毫毕现。再次警示广大党员干部，当权者应自觉抵制拜金主义思想，远离财欲诱惑，用好人民给予的权力，不要因一时贪图金钱而毁了自己的一生。

人如果总有贪婪之心，就会苦苦地追求权力、地位，更多的金钱，在恶性循环中耗尽生命之能。敛的财多了，心也黑了。

敛财3.5亿余元的辽宁省原副省长、省政协原副主席刘某某，是党的二十大后获刑的落马高官。据天津市第一中级人民法院消息，2022年11月8日，刘某某受贿一案在该院宣判，以受贿罪判处刘某某死刑，缓期二年执行，在其死刑缓期执行二年期满依法减为无期徒刑后，终身监禁，不得减刑、假释；对扣押在案的受贿所得财物依法予以追缴，上缴国库，不足部分继续追缴。

一个贪官写道："当我被关进看守所的时候，有一种跌入万丈深渊的感觉。知道了什么叫天壤之别，懂得了什么叫人生沉浮……告别机关，关入监狱，我过去拥有的地位、权力、事业和荣誉，一切都化为乌有，随风而去。不仅由昨日的座上宾，变为今日的'阶下囚'，同时也失去了幸福、自尊和自由。回首风雨一生，怎么也想不到画上我政治生涯句号的，竟是漫不经心的一个'贪'字。"

鸟儿系上黄金飞不上蓝天。过重的金项链会成为人的枷锁。正如巴尔扎克所说："贪心好比一个套结，把人的心越套越紧，结果把理智闭塞了。"

革命前辈谢觉哉说："常敲警钟头脑清。"我们要自警自励，警钟长鸣，处事谨慎，如履薄冰，用凛然正气去战胜诱惑，位高不改清廉志，权重不移公仆心。

"贿随权集"须警觉

交什么朋友，对一个人的成长进步关系重大。结交正直、诚信、知识面广的朋友，令人欣慰，受益无穷。"君子之交"，像水一样清澈，不含杂质，互相间不会有"以钱换权"的交易。

孟子反对交友重资格、重权势、重钱财，特别强调交友一定要看重对方的品德："不挟长，不挟贵，不挟兄弟而友。友也者，友其德也。"孟子认为，交朋友是要和他的德行相交，不是倚仗年龄大、地位高、兄弟的势力和他相交。在官场，有些人对你前呼后拥、毕恭毕敬，但并不是你真正的朋友，只是看你有权，只为图谋私利，一旦你退出领导岗位，就会有"门前冷落车马稀"之切身感受了，因为你已经失去利用价值了。

领导干部交友要慎之又慎，用理想之光照耀心灵，把法律之剑悬于头顶，用道德之绳捆住双手，才不至于丧失党性、迷失方向。有的领导干部不辨良莠，滥交朋友，什么人（包括不法商人）都敢交。有的喜欢听好话，喜欢别人吹捧，与溜须拍马的人交朋友；有的贪图享乐，与"大款"交朋友；有的喜欢所谓的"江湖义气"，与混混交朋友；有的沉溺于灯红酒绿，流连于声色犬马，与风尘女子交朋友。这些人的生活圈子过乱，社交圈过杂，热衷于结交富商、大老板等，其交往无一不与权、钱、色相关。他们沆瀣一气，相互利用，大搞权钱交易、权色交易。他们利用职权为不断找上门来的"朋友"批项目、批贷款、批土地，以及疏通关系，从中攫取大量不义之财。

《中国纪检监察报》2021年8月25日报道了川煤集团原党委副书记、董事阿某严重违纪违法案剖析。阿某讲江湖义气，沉浸于"兄弟情义"而不知危险环伺，收受的1454万余元贿赂中，一半以上来自其自认为相熟的陈某某等三个"兄弟"。"兄弟"披着"情义"面纱，想方设法迎合阿某需求：知道阿某喜欢打麻将，陈某某及时送来赌资；阿某在成都买房，陈某某主动去刷卡；阿某喜欢车，陈某某随后便以138万余元的价格为其购买了一辆越野车，以"礼尚往来"包装行贿。阿某以"兄弟感情"为借口收受好处，掩饰内心贪欲，利用职权关照"兄弟"公司经营的项目。2020年12月30日，南充市中级人民法院一审判决阿某犯受贿罪，判处有期徒刑11年6个月，并处罚金100万元。

清朝的历史学家在总结明朝的历史教训时，得出一个富有哲理的结论——"贿随权集"，意指贿赂、腐败总是随着权力而聚集，权力愈大，行贿者愈多。一些不法之徒为谋私利，心怀叵测地腐蚀领导干部，以长期的感情投资博得对方的信任，"温水煮青蛙"，搞"期货交易"。一些吃吃喝喝的"酒肉朋友"、投其所好的"马屁朋友"，奉迎你、讨好你，会使你落入"人情陷阱""金钱陷阱""美色陷阱"，应当警觉。

中央纪委国家监委网站2021年4月7日刊发《在围猎面前败下阵来》，剖析了西藏自治区原工商局党委书记、副局长赵某某严重违纪违法案件。2020年12月给予其开除党籍处分，并将其涉嫌犯罪问题移送检察机关依法审查起诉。

赵某某走上领导岗位后，在吃点、喝点、拿点、要点、收点等小节问题上不以为意、疏于防范，甚至自我放纵。面对形形色色的诱惑和"围猎"，赵某某最终败下阵来。当赵某某另一位"好友"余某某登门拜访，请他为中铁二局某分公司负责人匡某某安排公路工程项目，并以为其修建某别墅作为回报时，他不假思索地答应了。在他看来，这件事不沾一分现钱，"白捡一栋别墅何乐而不为"？世上哪有"白捡"？他完全没有意识到自己被腐蚀了，反而觉得为他们的项目中标提供帮助，自己应该被感谢。于是，他主动开口向匡某某提出在成都为他购买一辆价值89万元的汽车，为其子做生意提供200万元资金支持，之后又收受匡某某285万元现金。

留置期间，赵某某终于"大彻大悟"，反腐败没有特区也没有例外，无论是谁，只要涉嫌贪腐，不论躲到哪里，不论在职还是退休，不论职位多高、贡献多大，都难逃纪法惩处。

宋代诗人陆游诗云："但得官清吏不横，即是村中歌舞时。"大意是只要官吏清廉且不横行乡里，对老百姓来说就是莫大的福音。领导干部决不能搞权力私有化和权力商品化，决不能搞以权谋私、中饱私囊、权权交易、权色交易那一套，更不能把人民赋予的权力变为向党和人民讨价还价的筹码。"跳出三界外"，不为贪欲累。金钱、功名对每个人都是身外之物，生不带来，死不带去。邹韬奋有句名言："一个人光溜溜地到这个世界来，最后光溜溜地离开这个世界而去，彻底想起来，名利都是身外物，只有尽一个人的心力，使社会上的人多得他工作的裨益，才是人生最愉快的事情。"奥地利著名心理学家弗洛伊德曾经说过："一个有道德的人是一个心里感到诱惑就对诱惑进行反抗，而绝不服从于它的人。"居官之要，以清白为首。共产党人应当把戒贪守廉作为从政第一要则，做到利益面前不贪心、诱惑面前不动心。人不能没有钱，但"君子爱财，取之有道"，决不能收不义之财。

在反腐败的战场上，弥漫着看不见的炮火硝烟，晃动着看不见的剑影刀光。党员领导干部如果缺乏防范意识，没有绷紧拒腐防变这根弦，不注意净化自己的社交圈、生活圈、朋友圈，以侥幸心理谋求自我安慰，蒙混过关，就如同"盲人骑瞎马，夜半临深池"，迟早会坠入职务犯罪的深渊。

用政治智慧战胜"围猎"

古典名著《镜花缘》中描写过一个"自诛阵",阵中没有一兵一卒,而是布满了酒色财气之类的东西,凡入此阵的人,能把握住自己的,都能顺利走出阵来;把握不住自己,见财则贪、见色则淫、见酒则醉的,自己则毁灭了自己。

"围猎"这个词本来是指在打猎时提前布好诱饵、陷阱,伺机合围而猎,又称狩猎。"围猎术"的字面意思是指从四面包围堵截猎物的手段。在我国当代的语境下,"围猎"一词被借用来比喻不法分子为达到目的而对领导干部展开的种种攻势,成为反腐领域既准确形象又具动感的词汇,发人深省。"围猎术"是涣散党心、离间党群干群关系、损害党的形象、降低党的威望的催化剂,严重破坏着党执政的政治基础。领导干部要注重防范被利益集团"围猎"。

有的"围猎者"以情暖之,对领导干部及其亲属关心备至,俨然情深义重的自家人。广东省中山市交通运输局原党组书记、局长余某某和妻子喜欢外出旅游。老板们便组织以家庭为单位的旅游团，贴心支付来回机票、酒店住宿、吃喝玩乐等费用，还将其妻子看中的首饰、手袋等奢侈品悉数买单……在这样"和风细雨"的贴心攻势下，余某某思想防线开始松动，走向了用权力变现的违规违法道路，肆无忌惮进行权钱交易，在土地买卖、工程项目承揽、设备采购等方面利用职务上的便利为他人谋利，多次收受贿赂共计3486万余元，被判处有期徒刑12年。

有的"围猎者"以爱好为媒介，与领导干部形成"爱好圈"，先打着趣味相投的幌子搞好关系，再以"爱好"为名完成权钱交易。甘肃省人大常委会农业与农村工作委员会原副主任张某某"偏爱"字画。"围猎者"便打着"同好交流"的幌子，送给他名贵书画40余幅，每幅价值几万元至几十万元不等。而他收藏石头、文玩等"雅号"，同样成为不法商人"围猎"的突破口。

张某某爱打乒乓球，这一健康的运动也变了味、走了样，让他进入另一个圈子。张某某有一个球友，两人在一块打了20多年的球。他介绍的一名老板在球馆里给张某某送了几十万元，获得相关土地使用权，并开发了房地产项目。

有的球友打完球走的时候就提两件衬衣，往张某某车上一放，实际上里面放了5万元、10万元的现金。2020年1月，张某某被开除党籍、开除公职，其涉嫌犯罪问题被移送检察机关依法审查起诉。

《中国纪检监察报》2021年5月20日《警惕温水煮青蛙式围猎》一文报道了徐某案。浙江省衢州市原规划局党委书记、局长徐某，与房地产开发商等商人接触渐多，身边聚拢了一批对他言听计从、礼遇有加的"兄弟"。这些"兄弟"或搞土石方工程，或做门窗项目，或搞房地产开发，所做生意都与规划有所联系。在"兄弟"们的捧场、环绕、抬高之下，徐某的心态开始发生变化："当我行使权力时，平时颐指气使的老板们却对我热情有加，我发现原来权力也能让我和老板们平起平坐，甚至能让他们俯首帖耳。"

违纪违法的"伏笔"，就在第一次接受宴请时埋下。"兄弟"们的周到服务让徐某十分受用，渐渐地，他沉溺其中，丝毫没有察觉到"水温"正悄然升高。思想上变质，行动上也随之一泻千里。徐某在接受宴请之外，开始不断收受礼金礼卡礼物。2005年，他第一次收取人民币5000元，此后一发不可收拾。就在不知不觉中，"锅"中的水已经沸腾翻滚，但泥足深陷的徐某早早失去自救的能力。2020年5月11日，徐某因犯受贿罪被依法判处有期徒刑8年。

《中国纪检监察报》2021年7月14日报道：青海省公安厅原党委副书记、副厅长任某某犯受贿罪，被判处有期徒刑7年。他在忏悔录中说："身为一名公安战线的老兵，我在自己熟悉的领域，越了红线，蹚了地雷，最终引爆了自己，倒了下来，归根结底都是理想信念出了问题，进而在权力、金钱面前经不住诱惑，逐渐丧失了自我……错误地把一些违规违纪行为当成正常的人情往来、约定俗成，结果'一失足成千古恨'。"

大量违纪违法案件表明，许多领导干部坠入腐败深渊，是由于被形形色色的"有心人"当作猎物"围猎"，或是在不知不觉中或半推半就中掉入的。某些不法商人处心积虑成为"猎手"，对领导干部的"围猎"复杂多样，主要有情感投资、奉承巴结、投其所好等。"围猎"的套路，皆是针对领导干部的欲望而量身设计的。只要落入"围猎"范围内，"围猎者"会不惜一切代价捕获猎物，为其所用。有的"围猎"是由吃饭、喝茶、送点小礼品开始，淡化官员的底线意识，情感投资基础逐步稳健之后，"猎手"自然在很多方面会得到回报。

作为领导干部，面对形形色色的金钱牌、嗜好牌、感情牌，应认清"围猎术"，时刻警惕，勿迷方向，不入圈套。在现实社会环境下，诱惑领导干部的东西很多。一些领导干部浸淫于被"围猎"之中而难以自拔，自以为法不责众，通过搞团团伙伙，与利益集团结成腐败的"利益共同体"，由此导致"窝案""串案"或"塌方式腐败案"的发生。曾发生在中石油系统和山西的"塌方式腐败案"，以及湖南衡阳的"贿选案"等，都是领导干部被利益集团综合"猎杀"的典型。

面对各种奉承、"围猎"，要把握交友原则和分寸。所谓"朋友""小兄弟"，看重的是领导干部手中的实权。这一点，那些违纪违法人员不是不知道。但由于庸俗的"感情"、陈腐的"哥们儿义气"麻醉着他们，骨子里的贪欲支配着他们，什么纪律约束，什么党性原则，他们统统都抛开不顾，直至走向高墙铁窗。因此，一定要把握交友原则和分寸，摆脱低级趣味，净化社会圈、朋友圈。

陈毅《七古·手莫伸》如是设问："岂不爱权位，权位高高耸山岳。岂不爱粉黛，爱河饮尽犹饥渴。岂不爱推戴，颂歌盈耳神仙乐。"他以更清醒的头脑认识这些问题，正确看待个人功绩、利益与组织和人民的关系："第一想到不忘本，来自人民莫作恶。第二想到党培养，无党岂能有所作？第三想到衣食住，若无人民岂能活？第四想到虽有功，岂无过失应惭怍。"

权力是把"双刃剑"，用好了，是人生的拐杖；用不好，是自刎的利刃。古语云，"祸难生于邪心，邪心诱于可欲"。权力所在之处，就必定有"腐蚀"和"围猎者"。沦为"猎物"的领导干部，终归是败于"心中贼"。不分场合的称兄道弟，过度频密的推杯换盏，始则是"酒肉朋友"，继而狼狈为奸，其间必然藏着权钱交易、以权谋私，不可避免地滋生贪腐行为。要以清醒的理智，分清是非美丑；要有坚强意志，不为浮华所困扰，不让名利缠身；要扛得住诱惑，不因贪逸丧志。

党员领导干部如若不能正确对待公与私、义与利、情与法、得与失的关系，心存贪念、私欲膨胀，面对金钱美色就容易突破底线、违规违纪。防范被"围猎"需有政治定力。"身之主宰便是心。"作为党员领导干部，面对形形色色的诱惑，必须坚持自我革命，不断练就在诱惑面前不为所动的定力，补足精神之"钙"，永葆为民谋福祉之情怀，牢记"公权为民，一丝一毫都不能私用"，真正做到心中有党、心中有民、心中有责、心中有戒，时时保持清醒敏锐，谨慎独处、审慎用权，全心全意为人民用好权、履好职、尽好责。

常怀敬畏之心，常戒"恃权"之为。心中要有畏惧感，就是要敬畏纪律和规矩，不抱侥幸心理，筑牢拒腐防变的思想防线，坚守共产党员的原则、底线。当你权势正隆之时，千万不要以为那是绝对不可动摇的、不会衰败的，也千万不要以为官职越多越好，头衔越高越荣耀。《西游记》中的孙悟空神通广大，但总归还是怕了唐僧的紧箍咒，逃不出如来佛的手掌心。

领导干部是"关键少数"，占据重要岗位。要谨记：为官不贪，身有正气，是精神上的宝，比物质的宝更为珍贵，更应珍惜。领导干部对钱财都应当有个正确看法：体现人生最高价值的绝不是金钱和财富，而是人的品质和为社会所做的贡献。因此，面对诱惑，我们要理智，要淡泊名利，守住心中的那片蓝天，不要让诱惑冲破心灵的道德底线。

消弭侥幸守清廉

侥幸,意为企求通过偶然或意外获得某种利益或避免灾害。侥幸心理是贪官贪污受贿、巧取豪夺、进行权色交易的思想动因之一。从公仆到贪官只是一念之差,从功臣到罪犯只有一步之遥,从天堂到地狱只有一墙之隔。许多所谓"合理合法"的"潜规则",都隐藏着无数看不见的陷阱。有些贪官抱着侥幸心理,认为被发现的概率很小,明知是错的却偏要去做,甚至铤而走险,踏上了违纪违法的歧路,演绎出可悲可叹的人生悲剧。可见,侥幸心理是诱发腐败行为的重要因素,不要试图做尝试,吸取教训才是明智的选择。

作为党员领导干部,一条最基本的要求就是要牢固树立敬畏法纪的意识。认认真真学习党章等党内法规以及宪法等法律法规,哪些是党纪国法允许做的,哪些是禁止做的,心中都要清清楚楚、明明白白,遵守各项纪律和各项法律法规,决不能干违纪违法的事情,这是党员领导干部应有的起码觉悟,也是组织对党员领导干部的起码要求，是做人的底线、从业的底线。从政道德的最低下限必须坚守，这个底线也是红线、高压线、生命线，是我们廉洁自律的最后一道心理防线。底线不可逾越，突破了底线就改变了性质。只要触犯了党纪国法，最终都将受到法律的制裁。

有的领导干部原本比较优秀，有较强的是非辨别能力，可是为什么对一些违法乱纪的事情，明知不可为而为之呢？甚至得知有些人因违法乱纪而走上不归之路，仍然没有引以为戒，而要去继续以身试法呢？一个重要的原因就是侥幸心理在作祟。有的领导干部明知有些事触犯了纪律法律红线，仍然执念于"不能把我怎样"的侥幸；有的领导干部总认为自己做的事是"一对一"，别人不会知道。侥幸心理是一种非常不健康的心理，是"麻醉剂"，它常常使人作出不正确的判断，错误地估计形势，从而迷失方向，误入歧途。

"我做事小心，组织上应该不会发现。"自认为自己做得隐蔽，萧山机场原党委委员、副总经理金某错过了三次向组织坦白的机会。据调查，金某利用职务之便收受贿赂、为特定关系人输送利益，非法索取、收受财物折合人民币600余万元，并试图掩盖与他人的权钱交易行为以逃避组织调查。

怀有这种侥幸心理的领导干部总是认为小的失误、错误，纪委不会知道，因而在不知不觉中思想发生了蜕变，从微不足道的微腐败发展到违纪违法。"比我事大的也有，纪委该先查他们才是。"有的领导干部认为，反腐似乎必须先查出有问题的大官，这种认识显然是侥幸心理在作祟，并没有真正认识到"勿以恶小而为之"、反腐的"高压线"碰不得。不要心存一丝侥幸，认为贪腐行为别人发现不了，能躲避法纪的惩罚，到头来栽了大跟头。

《中国纪检监察报》2022年7月15日刊载：山西省河津市农村经济事务中心会计、执法监督股股长许某某，因挪用公款罪被判处有期徒刑12年。经查实，3年多时间，许某某自己一人竟55次挪用公款837万余元。2021年9月29日，许某某赌博输光了挪用的公款。经调查，许某某还存在违规兼职取酬等问题。2021年12月9日，许某某受到开除党籍、开除公职处分，并依法追缴其违法所得，其涉嫌犯罪问题移送检察机关审查起诉。

《检察日报》2019年4月30日报道：54岁的国家某技术公司设备与燃料部原副主任李某怎么也不会想到，他会在这个年纪坐在"铁窗"内。李某用30多年的拼搏，从一名普通职员一步一个脚印成长为一名副厅级干部。他却在不到10年时间里，以权谋私，先后收受他人财物、贪污公款达800余万元，最终沦为"阶下囚"。李某贪污受贿案经山东省烟台市检察院提起公诉，被法院作出判决：以受贿罪判处李某有期徒刑13年，以贪污罪判处有期徒刑3年，数罪并罚，决定执行有期徒刑14年，并处罚金100万元。

李某收受的贿款中，绝大部分都是通过其妻子、亲属等收受的，收受的汽车、别墅也是登记在其妻子和亲属名下。李某到案前已获悉有关部门对其开展调查，却与涉案人员订立攻守同盟，对抗组织调查；到案后，他仍然心存侥幸，采取拒绝签字、沉默等方式对抗审讯，在侦查和审查起诉阶段始终没有认罪、悔罪，态度恶劣。法庭上，李某避重就轻，对严重的犯罪事实仍然拒不承认，但最终没有逃脱法律的严惩。

怀有侥幸心理，是明知自己的行为错误并会产生恶劣的后果，却有一种投机心理，希望和轻信这种行为不会被人发现。一些党员干部麻木不仁、随波逐流、盲目从众，行动上不克制、不制止、不抵制，在侥幸心理的驱使下，违规大操大办子女婚礼，助长了奢靡之风，败坏了社会风气，造成了人民群众不必要的经济负担，损害了党和政府在群众中的威信，加大了诱发腐败的概率。有些落马的贪官在审讯过程中回答："这样的事都是私下进行的，哪那么容易被发现啊？我知道某人的贪腐比我多，可他就什么事也没有，这种侥幸心理让我铤而走险。"有的人存在严重的侥幸心理，没有深思反省，没有认识到自己违纪违法问题的严重性，总以为只要事情做得牢靠，是可以过关的。有的领导干部有了侥幸"成功"的初步体验，自认为手段高明，管理制度有空可钻，并认为别人大肆贪腐没有破败，于是有恃无恐起来。胆子越来越大，错误越犯越大，在犯罪的泥潭里越陷越深。

习近平总书记针对反腐工作这样强调："发现一起查处一起，发现多少查处多少，不定指标、上不封顶，凡腐必反，除恶务尽。"

不要看到他人胆大不出事，就去侥幸攀比。今天不出事，不等于明天不出事；明天不出事，不等于后天不出事。侥幸心理会铸成自己终生的不幸。此番提醒，只有好处，没有坏处。

侥幸是犯错误的偶然，犯错误是侥幸的必然。侥幸心理常常使人作出不正确的判断，从而迷失方向，误入歧途，可谓侥幸一时，不幸一生。有的认为，当今社会权钱交易、攫取钱财的人败露的毕竟不多，自己精明，手段高明，违纪一两次不会那么容易被人发现，成为被查处的"倒霉鬼"；有的认为自己门路宽，是初犯，有后台，能够摆平，有"关系网"罩着，即使暴露了，大不了检查一下了事，不会有什么闪失；有的认为同伙关系"铁"，"兄弟"讲义气，能挺得住，不会出卖朋友，况且行贿人与受贿人在法律上是一根绳上的两只"蚂蚱"，谁会送钱之后去告发自己行贿呢？他们过高地估计自己，盲目信赖"朋友"，一味相信运气，只要有机可乘，便会伸出贪婪之手。

林则徐在致李铭经的信札中阐发为官之道："凡官都是难做的。彼以做官为可安乐恣意纵欲行险侥幸者，十有九败。""党与人民在监督，万目睽睽难逃脱。"这句诗揭示了"天网恢恢，疏而不漏"，是一种提醒、一种警示。从必然性的角度来讲，"伸手必被捉"。开始收一个人的钱时，是"一对一"，可后来收钱的次数多了，不就成了"一对多"吗？受贿次数多了，出事的概率就增大了。哪怕你暂时没出事，有些其他案件败露，"拔出萝卜带出泥"，顺藤摸瓜，也就查到你头上了。

"若要人不知，除非己莫为。"只要拿了，就不可能不留下蛛丝马迹。别人不知晓仅仅是短时间的，纸是包不住火的，终会被揭露。

谨防"渐进式"腐败

细节往往能决定成败，因而世间事，要做于细，成于严。唐代元稹诗云："寄言持重者，微物莫全轻。"切莫轻视细小的变化，以免酿成大祸，因为量变积累到了一定程度，必然引起质变。"勿以善小而不为，勿以恶小而为之。"小善可集大善，小恶可集大恶。"行善如春园之草，不见其长，日有所增；行恶如磨刀之石，不见其消，日有所损。""小洞不补，大洞吃苦。"欧阳修有句名言："夫祸患常积于忽微，而智勇多困于所溺。""忧劳可以兴国，逸豫可以亡身。"党员干部要注重生活小节，防止因小不廉而成为贪婪之人。

有这样一则寓言，有个人偷拿了邻居家一根针被告官，法官在量刑时定了他与偷牛贼同样的罪。偷针人很不服气，问法官："我只偷了一根针，为什么却判得与偷牛一样重？太不公平了。"偷牛贼抢着说："别说了，我当初就是从拿别人一根针开始的。"

南宋文学家洪迈10岁的时候，路过衢州白沙渡，在岸上酒店破墙上看到一首诗《油污衣》："一点清油污白衣，斑斑驳驳使人疑。纵饶洗遍千江水，争似当初不污时。"一点点油污弄脏了洁白的衣裳，斑斑驳驳，让人们无限烦恼。因为一经污染，纵使你用尽了千江清水反复漂洗，也不可能再像当初未被污染时一样了。如果认为自己的小节可以不拘，小的过失可以不在乎，那就萌生和积累了犯错误的因素，如不及时注意改正，终会酿成大患。

"居身之道，亦犹是耳，倘一失足，将无所不至矣。"有的领导干部刚被提拔时很谨慎，但时间长了，便守不住初心，经不起各种诱惑，从放松自己开始，把多吃一点儿、多占一点儿看成一种待遇、一种享受，进而耽于享乐，随意动用手中的权力，以权谋私，索贿受贿，而第一次犯错，往往都是小错。

古人云："不积小善，不能成大德；不积小恶，不足以亡身。"如果忽视小节，稍一松懈，稍一放任自流，就会积小恶成大恶。大祸往往起于小节的失守。小事小节是一面镜子，能够反映人品，反映作风。

"君子慎始而无后忧。"一定要警戒、谨慎于事情发生之前，守住第一关，在思想上筑牢"第一道防线"，洁身自好，防微杜渐，不要以为司空见惯就可以随波逐流。必须从把"第一次""小意思""一丁点儿"拒之千里，防微杜渐，不能搞"下不为例"。习近平总书记指出："所有腐败问题，起初往往都是从作风失范开始的……几顿饭，几杯酒，几张卡，温水煮青蛙，不知不觉，一失足成千古恨。"因此，一定要经常自测"水温"，给自己制定一套"超温预警"系统，做到居安思危，防微杜渐，警惕潜移默化的腐蚀，修身律己，正心养德，避免发生"温水煮青蛙"的悲剧。

党员干部要加强自律，尤其是在私底下、无人时、细微处，更要如临深渊、如履薄冰，始终不放纵、不越轨、不逾矩。那些"隐身衣"穿不得，"擦边球"打不得，从每项工作的细节、小节上严格自律，重在日常、不弃微末，摒弃法不责"微"的心态。要坚持道德节操，台上台下一个样，人前人后一个样，恪守党员干部道德规范，从严从细约束自己，用"贪取一钱即与千金无异"的高标准严格要求自己，时时防范，洁身自好，积小善而成大德。

要从小节抓起，从小事管起，从一顿饭、一杯酒、一个红包等小问题严起，查细责小。应以问题为导向，对本单位本部门的党员干部身上出现的苗头性问题和轻微违纪行为，在第一时间咬耳朵、扯袖子，治病于初起，主动对"小节问题"量一量，构成违纪的及时执纪，防止小错酿成大祸。通过落实民主生活会制度和双重组织生活强化监督提醒，把纪律挺在全体党员前面。要加强对党员干部的监督，让党员干部一言一行都置于群众的监督之中。

反躬自省有所益

反躬自省，是党员干部勇于自我革命、提高自身品质和能力、提高道德修养的重要"功课"。曾子曰"吾日三省吾身"，应坚持不懈地审视、反省自己可能存在的错处。

2008年在宁夏考察时，习近平同志强调领导干部要培养和树立六种意识，包括"自省意识"，即慎权、慎独、慎微、慎友。

古往今来，凡是成就大业的人，大多把反躬自省作为修身的重要方法。汤之《盘铭》曰："苟日新，日日新，又日新。"反省，则日新。反省，是为了更好地审视并总结之前的自己。商汤的嫡长孙大甲即位后，治国无道，违背了商汤定的规矩，被伊尹流放到桐宫。悔过三年后，他认识到了自己的错误，后来把国家治理得挺好。反省可使人挣脱错误的锁链。在修身进德中，经常反躬自省，益莫大焉。《荀子·劝学》说："君子博学而日参省乎己，则知明而行无过矣。"说的是君子广泛学习，而且每天都反省自己，这样就会智慧明达，在行为上减少或避免过失和错误。

提高自身素养的一个重要途径，就是在同别人的对照中反省自己、改进自己，让明天比今天做得更好。《荀子·修身》有言："见善，修然必以自存也；见不善，愀然必以自省也。"看到别人的优点、长处，就认真进行学习，努力赶上和超过对方；看到别人的不足，就认真反思自己有没有这样的毛病，提醒自己引以为戒，不要犯类似错误。宋代朱熹说："日省其身，有则改之，无则加勉。"他还说："见人之善，而寻己之善；见人之恶，而寻己之恶。"清代赵慎畛在桂林府衙题联："为政不在多言，须息息从省身克己而出；当官务持大体，思事事皆民生国计所关。"

唐代白居易曾在杭州担任三年刺史，生活尤为清苦，为人清清白白。卸任之时，前往天竺山，取来两块石头作为纪念。一天，他在摆弄石块时顿悟：山石虽然不值钱，但拿走它会玷污自己的名声。想到此，他颇有愧意，提笔写下了自省诗："三年为刺史，饮冰复食檗。唯向天竺山，取得两片石。此抵有千金，无乃伤清白。"有人以为两块石头不算什么，但为官清廉的白居易认为，几片山石不是他人所赠，理所当然地占为己有，也有损自身清白。

白居易的诗歌中，常出现"惭""愧"字眼。如《村居苦寒》："幸免饥冻苦，又无垄亩勤。念彼深可愧，自问是何人。"《赠杓直》："我今信多幸，抚己愧前贤。"诗人可贵的自责精神、慎微的律己态度，令我们肃然起敬。

一个人总是在不断反思和修正错误中进步和成长的。如果认识不到自己的弱点、缺点和错误，不注重反省，很难成就事业。彭德怀曾说自己是一月一省吾身，不管工作怎样忙，每月总要抽出半天时间把自己做过的事认真地检讨一番，看哪些做对了，哪些做错了，以便少犯错误或不犯严重错误。在世间，谁的一生是完美的？谁能够不经过任何改变就轻易获得成功呢？要想实现理想，展示自身价值，经受住考验，首先要认识自己，反省自己，改造自己。谢觉哉在60岁生日时，谢绝亲朋好友来祝寿，关起门来反躬自省。他在《六十自讼》的日记中写道："'行年五十，当知四十九年之非'。那么行年六十，也应该设法弥补五十九年的缺点。"

在修身进德中，经常反躬自省，检查自己的行为，养成"吾日三省吾身"的习惯，对党员干部来说至为重要。通过自省能够将失误和教训看得深刻，将纪律和规矩的底线看得清晰，主动校正坐标、看清方位、修养身心，从而淡定从容地面对生活上、事业上遇到的问题，不偏离事业和人生的航线。

人们往往勤于敏于察看别人，看自己就不那么准确和全面了。没有自省的态度和勇气，恐怕无法在反思中重新认识自己。古罗马西塞罗说："每个人都有过错，但只有蠢人才会执迷不悟。"只有愚蠢的人才会为自己的错误辩护。勇于承认错误，意味着你向成功迈进了一步。德国哲学家尼采曾经说过："聪明的人只要能认识自己，便什么也不会失去。"

自省不是对自己苛刻，不是求全责备，它是精神层面的反省，是对灵魂的追问。自省是一面镜子、一剂良药。自省的前提是承认过失，"静坐观心，真妄毕现"。于夜深人静之时，于独处一室之际，多方位多层面叩问自己的灵魂，看看哪些事情做对了，哪些事情做错了，哪些事情做过了，哪些事情做得还不及，常想自己人生最初的志向，常思入党宣誓时的初心，常忆从事事业之承诺，常给自己"找茬""挑刺"，常列自身问题及整改的措施，勘误纠错、校正言行，常抓小问题防止隐患，常补小漏洞防止祸端，逐步树立正确的道德观念，培养高尚的道德品质，把党章的要求和党员的标准内化为自觉行动。

要以党纪政纪条规为镜，对照群众的期盼以及正反典型，自省言行是否有不妥之处、履行公务中有无偏差，尽可能把错误纠正在萌芽之中，使小过不至于发展成大过，就像生活中经常洗澡一样，冲洗一下心灵的灰尘，以防久积成垢。常静思己过，才能激浊扬清、净化灵魂、正心修身，走好人生之路。

慎独永在进行时

慎独，是祖先留下的宝贵思想遗产，是古代儒家创造的自我修养方法。所谓"慎独"，就是一个人独处时也能做到谨慎不苟，在别人看不到、听不到的地方也不放松对自己的要求。此语出自《礼记·中庸》："莫见乎隐，莫显乎微，故君子慎其独也。"郑玄注："慎独者，慎其闲居之所为。"一个人在独处的时候，在纪律和道德舆论管不到的地方，对自己的行为也要加以约束。

有道德修养的人对待自己独处时的行为总是慎之又慎，能做到洁身自好，问心无愧。明代王守仁说："慎独者，与人交接之本也。君子戒慎于不睹不闻，省察于莫见莫显。"独处时能按道德要求行事，是与他人交往的根本。君子在看不见、听不到的地方反省自己、谨慎行事。

慎独是为政修身之要，慎独方显至高境界。慎独首先是一种道德修养的方法，它强调的是在"隐"和"微"上下功夫。

慎独又是一种至高的道德境界。如果一个人能够做到慎独，严格要求自己，他内心就没有什么歉疚，也不会感到心虚惭愧，自然就会有安然愉快的心境。曾国藩认为，"德成以谨言慎行为要"。他在个人修养上讲究慎独，行动做事以"诚"为本。他每日静坐，反思己过，几十年如一日。毛泽东在青年时期，潜心研究过曾国藩文集，还说"愚于近人，独服曾文正"。

慎独应该成为党员干部完善自我、自觉遵守纪律的高尚境界，在任何环境、任何时候都要做到临渊履冰，慎思慎行。不少被查处的党员干部有一个典型特点，就是人前大讲廉洁从政，人后大搞权钱交易。自我粉饰，可以蒙混一时，却难欺骗一世，长期伪装只能使自己在违纪违法的泥潭中越陷越深，最终追悔莫及。面对权力、金钱等的诱惑，应慎独如初，持之以恒。在社交圈、生活圈等远离公众视线的私人空间，要在道德上坚守清白，在精神上追求高尚，在行为上坦荡磊落，不因无人监督而恣意妄为，自觉按照纪律和道德准则约束自己的思与行。

党员干部应珍惜共产党员的称号，在无人监督的"隐处"，仍然按照党员标准要求自己，做到人前人后一个样，决不越雷池。远离组织的监督、群众的目光，不能律己，表里不一，发展下去，是很危险的。那种自以为背地里放纵自己、做出违反党的纪律和不符合党的要求的事无人知晓的想法，其实是自欺欺人。我们要常怀律己之心，保持慎独，经常自省，不能任凭各种欲望无限增长，要抑制追求个人利益最大化的心态，不让不健康的东西有藏身之地。

(阅)(读)(延)(伸)

吴隐之笑酌贪泉

二十四史之一的《晋书》中，记载了一则关于贪泉的历史故事。晋朝时有一位美誉度很高的廉吏吴隐之，人品极佳，得到人们的一致推崇。吴隐之幼年丧父，贫苦的生活磨炼了他的品德，虽然家中没有一点积蓄，但他就算是每天只喝粥也拒不接受一点不合道义的财物。他勤奋好学，博涉文史，仪表堂堂，善于言谈，因此，很早就获得"儒雅之士"的名声。

吴隐之曾受韩康伯推荐，担任辅国功曹。当时哥哥吴坦之被桓温俘虏即将被处死，于是他去拜见桓温，表示愿意代替哥哥去死，请求桓温饶他哥哥一命。桓温觉得他是难得的忠义之士，就释放了他的哥哥，并且向朝廷推荐他为尚书郎。

东晋太元年间，吴隐之官居左卫将军。女儿出嫁的时候，他让仆人把自家的狗牵到集市上卖了，用得到的钱给女儿置办嫁妆。尚书令谢石知道后，派人来帮助操办婚事，来人看到他的家中一个宾客也没有，冷冷清清的，全无官宦人家大办喜事的气氛，回去把这件事告诉了谢石。谢石对吴隐之的清廉赞叹不已。

吴隐之曾任广州刺史，持符节，兼领平越中郎将。当时的广州，乃是人烟密集、物产丰饶之地，珍宝玉器、名贵药材、山珍海味、丝绸锦缎，以及从海外运来的象牙、夜明珠等，应有尽有。若得一箱珠宝，一家人几代吃用不尽。因此，广州刺史是个难得的肥缺。

吴隐之赴任途中，在广州城西北的石门过夜。石门有一条泉，名字很怪，叫作"贪泉"。傍晚，他带领妻子和随从去游览贪泉。当地人告诉他，贪泉水喝不得，喝了它就会丧失廉洁之性，变得贪得无厌，故而得名。还说朝廷派往广州的几任官员，差不多都因误饮贪泉而犯了贪污罪，被朝廷革职查办。因此，大凡经石门而过的官吏，为了标榜自己的清白，宁可忍着口渴，也不稍沾一下贪泉。

吴隐之不相信传言，特意来到贪泉边，对随从说："若心中没有贪念，便不会乱了方寸。越过五岭丧失廉洁，我知道其中的原因了。"说毕，他拿起勺子盛了些清凉的泉水，酌而饮之，细细品味，并赋《酌贪泉》诗以明心志："古人云此水，一歃怀千金。试使夷齐饮，终当不易心。"唐代王勃在《滕王阁序》中用了这个故事来表明自己高洁的志向："酌贪泉而觉爽，处涸辙以犹欢。"大意是说，喝了贪泉的水也会觉得爽快，置身于干涸的车道仍能感到欢乐。

相传，商朝属国孤竹国的国君在晚年指定叔齐（伯夷弟）为国君继承人。孤竹君去世后，叔齐让兄长伯夷继承君位，伯夷不接受，叔齐也不愿登位，先后都逃到周国。周武王伐纣，二人叩马谏阻。武王灭商后，他们"耻不食周粟"，采薇菜而食，终饿死于首阳山。在吴隐之看来，就算贪泉之水，酌之确使人变贪，那也只对"见可欲，心则乱"的人起作用。假如让品行高尚、不贪恋君主权位的伯夷、叔齐来饮这贪泉水如何？他们绝不会改变初衷，一定不会生出贪念来。贪泉之水并没有致人贪婪之作用，只是贪婪之人借以掩饰的道具而已。真正贪婪的是人的心，无法抑制的是人的欲望，如果人心贪欲无度，那么恐怕不喝贪泉之水亦照"贪"不误吧。

吴隐之到任后，以古代贤人伯夷、叔齐的高风亮节自励，崇尚廉洁的品行有增无减，以清廉之风刷新吏治，改变贪赃恶习。他到广州任刺史、龙骧将军多年，昼夜操劳政务，严明法纪，对馈赠、贿赂分文不受，一切收入均缴入公库。他宴请别人没有什么美味佳肴。他在生活上极为简朴，平日只以蔬菜、干鱼下饭，无山珍海味之享。他做官做到太常（主管国家祭祀礼乐的官员），但家里的摆设极为简陋，拿竹篷做屏风，炕上竟没有像样一点的毡席。关于他廉德的事，简直是多得不可胜数。当时有人嫌长道短，说他矫揉造作，博取虚荣，而他仍然坚持革奢务俭，始终不为流言所动。

有一次，吴隐之手下的小吏给他做去骨刺的鱼吃，他说："我已喝了'贪泉'之水，看来你是让我非贪不可喽！"小吏说这是惯例。吴隐之说"这惯例非改不行"，下令处罚了献鱼者。他在任职期间没有变得贪婪，反而愈加廉洁奉公。

他离开"珍宝遍地"的广州时，依然是清风两袖、行李萧然、囊空如洗。其夫人私下节衣缩食，买了一斤名贵药材沉香，想带回家，乘船时被吴隐之发现，立刻拿来沉香，抛入湖中。

吴隐之担任过太守等显要官职，都清廉自持，从不贪图任何非分之物。他家里连一床像样的被子也没有。洗衣服时，常常身裹被絮，等待衣服晾干了再穿。他在任期间，"清操愈厉"，治贪除弊，声名远播。他回到建康（今南京），家里照样清贫，一家人挤住在六间茅屋里，遇到来人有事，妻子、女儿连个避客之处也没有。他的清廉，受到宋武帝刘裕高度赞许，宋武帝给他许多赏赐，他都一一谢绝。吴隐之"酌贪泉而觉爽"，拥有不想腐的高度自觉。

恪守廉洁　保持本色

加强党风廉政建设，一体推进不敢腐、不能腐、不想腐，严格落实中央八项规定精神，督促党员、干部特别是领导干部清廉自守、廉洁从政、干净做事。

——2023年9月7日，习近平在新时代推动东北全面振兴座谈会上的讲话

理想堪为廉之魂

理想是开启灿烂人生的钥匙。有了为之奋斗的理想，才能使人具有崇高的目标、高尚的情操和勇于献身的品格。苏格拉底说："世界上最快乐的事，莫过于为理想而奋斗。"不忘初心，坚定理想信念不动摇，才能使自己保持心灵纯洁，约束自己的言行不逾矩，战胜各种诱惑，使自己变得崇高。

2015年12月11日，习近平总书记在全国党校工作会议上指出："党性教育是共产党人修身养性的必修课，也是共产党人的'心学'。"这一重要论述，为广大党员干部提高党性修养、推进自我革命提出了新的要求，旨在筑牢共产党人的精神基石，奠定全面从严治党的思想基础。

中国共产党人的"心学"，是中国共产党人运用马克思主义对中国传统文化进行的深刻改造，让中国传统文化实现了革命性的变革从而焕然一新。"人人自有定盘针，万化根源总在心。"在十八届中央纪委六次全会上的讲话中，习近平总书记指出:"全面从严治党,既要注重规范惩戒、严明纪律底线,更要引导人向善向上,发挥理想信念和道德情操引领作用。'身之主宰便是心';'不能胜寸心,安能胜苍穹'。'本'在人心,内心净化、志向高远便力量无穷。对共产党人来讲,动摇了信仰,背离了党性,丢掉了宗旨,就可能在'围猎'中被人捕获。只有在立根固本上下功夫,才能防止歪风邪气近身附体。"

理想信念是共产党人从苦难走向辉煌的内生动力。习近平总书记指出:"理想信念之火一经点燃,就永远不会熄灭。"理想信念表现为对科学真理的渴求、对美好未来的向往、对崇高目标的奋斗,它对于人生至关重要,在人生实践中起着重要的、不可替代的作用,要理直气壮、坚定不移,而且应不容置疑。《中共中央关于党的百年奋斗重大成就和历史经验的决议》指出:"马克思主义信仰、共产主义远大理想、中国特色社会主义共同理想,是中国共产党人的精神支柱和政治灵魂,也是保持党的团结统一的思想基础。"

任何人只要有坚定的理想信念,就一定能在困境中看到希望的火光。"生命是一束纯净的火焰,我们依靠自己内心看不见的太阳而生存。"信念是在茫茫大海中指引我们前进方向的灯塔,信念是溺水时可以救命的救生圈。党员领导干部有了高远的理想信念,把人民的利益置于至高无上的位置,坚守精神追求,理政用权就有了正确的方向,战胜诱惑就有了钢铁屏障,就能够远离腐败的陷阱,使我们的事业欣欣向荣、蓬勃发展。

推进新时代党的自我革命，必须坚定理想信念。理想信念是战胜困难、砥砺奋进的原动力，可以帮助我们抵御诱惑、不畏艰险、跳出历史周期率，永葆青春活力。没有理想信念，理想信念不坚定，自我革命就不可能彻底和持久。

与腐败较量，就是与信仰缺失、信念动摇、信心丧失、觉悟退化较量，与人心对财、权、物、色、名的贪念私欲较量。多年来的许多案例表明，腐败之所以屡屡发生，主要是党员干部自身的思想、党性、人格出了问题。一旦理想缺失、信仰迷茫，就会百弊丛生，世界观、人生观、价值观就容易出现偏差，行动就没有了指南，就会精神堕落，逐渐淡化责任，助长贪腐心理，面对各种诱惑时就会站不稳脚，栽跟头，犯错误。

《中国纪检监察报》2024年1月10日报道，中国人民银行原党委委员、副行长范某某，毫无纪法底线，胆大妄为，利用职务便利为他人在贷款融资、企业经营等方面谋利，非法收受巨额财物。2023年6月，范某某被开除党籍、开除公职，其涉嫌犯罪问题移送检察机关依法审查起诉。

一些大大小小的官员落马后，绝大多数人都痛哭流涕，说自己"一念之差"犯了错误，实际上这个"一念之差"绝不仅仅是一个简单的念头，而是根和魂出了问题，思想的"总开关"出了故障，如同大厦没了支柱，大坝松了基石，必然会带来政治上的变质、经济上的贪婪、道德上的堕落和生活上的腐化，违法乱纪、出轨越界就很容易发生。

志不立则如同无舵之船、无衔之马，四处飘荡奔逸，茫无所适，最终也到不了目的地。2016 年 7 月，习近平总书记在庆祝中国共产党成立 95 周年大会上的讲话中，援引王阳明"志不立，天下无可成之事"一语，指出："理想信念动摇是最危险的动摇，理想信念滑坡是最危险的滑坡。一个政党的衰落，往往从理想信念的丧失或缺失开始。我们党是否坚强有力，既要看全党在理想信念上是否坚定不移，更要看每一位党员在理想信念上是否坚定不移。"

有的党员领导干部丢掉了理想信念，得了"软骨病"，沉溺于私心杂念，屈服于金钱美色，拒腐防变的防线失守，就像失去了方向和动力的小船，在生活的波浪中随处漂泊，最终沉没于急流险滩。他们中间，有的人入党不是出于理想信念，看重的是执政党的地位，追求的是个人名利，最后走向违法犯罪的道路。有的人信仰迷失，不信马列信鬼神，不信科学信风水，烧香拜佛，搞起封建迷信活动，遇事"问计于神"，这哪有共产党员的样子？尔后在腐化堕落的路上一发不可收拾，陷入腐败的泥沼，沦为"阶下囚"。

有的贪官在大肆收受钱财的同时，为掩饰内心不安，信风水，奉菩萨，祈求腐败不被发现、罪行不暴露。有的人对党不忠诚，搞假忠诚、伪忠诚，入党不信党，在党不爱党，忘记了全心全意为人民服务的初心。从近些年一些腐败分子的忏悔来看，腐败的根源在于思想先腐败，丧失理想信念是他们违法犯罪的最根本原因。精神支柱坍塌，迷失自我，只讲索取不讲奉献，只讲人情不讲原则，只讲关系不讲党性，只讲义气不讲正气，不珍惜名誉，不珍重人格，收受贿赂，贪赃枉法，最终身败名裂。

中央纪委国家监委网站2022年5月7日刊发《在"风水"中迷失　在私欲里沉沦》，剖析了浙江省金华市政协原党组书记、主席陶某某严重违纪违法案。

2021年5月，陶某某被开除党籍、开除公职。同年12月28日，杭州市中级人民法院以受贿罪判处陶某某有期徒刑11年6个月，并处罚金人民币200万元。

工作38年，从做事严谨、追求实效的领导干部，到迷信"风水大师"、大搞权钱交易、收受他人所送财物共计2970余万元的贪腐"蛀虫"，陶某某的廉洁堤坝长期渗漏不补，经常管涌不堵，最终全面决堤，不仅毁了自己平和体面的晚年生活，也毁了一个温馨美满的家庭。

树朽先朽于根，人毁先毁于心。陶某某没有将自己的私心杂念和所谓的"雅好"牢牢锁住，而是奉行权力至上、金钱至上，当自己的欲望得不到满足时，便寄希望于风水，迷了心智，陷入迷途，最终自食恶果、身败名裂。

坚定理想信念必须靠个人持之以恒的修养锻炼，在立根固本上下足功夫。崇高的理想信念不是与生俱来的，不是一朝形成永不褪色，也不会因为党龄增长、职务升迁就增强，只有始终坚定信仰、信念、信心，一辈子改造提高，一辈子自我革命，牢固树立正确的是非观、义利观、权力观、事业观，加大对理想信念的心理坚守，少些物质贪欲，多些精神追求，提高思想境界，巩固心理防线，才能抵御住外界的腐蚀，在坚定的理想信念下形成不想腐的自觉，才能不断提高政治免疫力和抵抗力，炼就"金刚不坏之身"，避免走上政治蜕变、经济贪婪、生活腐化的歧途。

共产党人政治上的清醒与坚定，行为上的高尚与廉洁，都来自崇高的理想信念。历史和现实一再启示我们，在新的历史条件下，党员领导干部要立于不败之地，不忘初心，不负重托，就必须坚守共产党人的理想信念，真诚信仰马克思主义，必须管好自己思想的"总开关"，建好自己的精神家园，不仅内心要坚信，还要身体力行，奋斗不止。让我们不忘初心再出发，在敬畏中行进，始终不辱使命，做出仰无愧于前辈、俯不负于后人的业绩，书写人生壮丽篇章。

秉持初心向远方

明代清官胡寿安曾任州县官吏多年，他在河南信阳知县任满离职时，依然两袖清风。他在城隍庙拜神时作《任满谒城隍》诗一首，体现了心系黎民百姓、坚守清廉理念、严格约束自身的情操："一官来此几经春，不愧苍天不负民。神道有灵应识我，去时还似来时贫。"大意是，我来到此地做官有几年了，我不愧对苍天，也没有对不起黎民百姓。神道若有灵，应该鉴别我，我离开的时候和来的时候一样贫穷。胡寿安离任时，老百姓夹道相送，依依不舍。

永乐十六年（1418）春，胡寿安考绩优异调往京师，他离任时囊空如洗，只好把相伴的老马卖了充当路费。离开信阳县时，城里百姓千余人长亭相送，凡以礼品相赠送者，他一概谢绝，仅从诗友的袋里取了一根萝卜，因无法推辞从一位老人手里收下了一双布鞋。

人生很宝贵，无法重来，不能复制，切莫忘记初心。不忘初心，就是每每站在新的起点上，经常回头看看走过的路、注意比较别人的路、远眺认准前行的路，把过去、现在和未来有效贯通起来，把准问题，看清前途，坚定前进信心。如同马克思所言：工人阶级的革命事业要"经常自己批判自己，往往在前进中停下脚步，返回到仿佛已经完成的事情上去，以便重新开始把这些事情再做一遍"。经常回过头看看自己走过的路，想想当初为什么启程，才会找对人生的方向。经常让自己回到起点，给自己一往无前的决心，鼓足从头开始的勇气，才会坚定追求，不改初衷，矢志不渝。

初心，是人生最初的梦想，是人生最初的追求，是事业成功的承诺。"初心"，意谓初始者的心、起初的心。入党宣誓时，我们都心潮澎湃。入党誓词是一面明镜，需要我们经常对照，以此修身正己、锤炼党性，用一生的实际行动诠释崇高的信仰，为党的事业、为人民的向往而不懈奋斗。共产党人的初心，包含着为党的事业和共产主义奋斗终身，包含着全心全意为人民服务的根本宗旨，把人民对美好生活的向往作为奋斗目标的责任和担当。

《人民日报》2021年8月10日载：井冈山革命博物馆陈列着一只棕色陶罐，里面装的是已经发黑结晶的食盐。井冈山斗争时期，物资匮乏，尤其是食盐和药品。面对困难，红军坚持"只要红军有盐吃，就得让老百姓的菜碗也是咸的"，总是把缴获的食盐分给群众。村民李尚发分到食盐后却舍不得吃，将这罐盐藏在自家屋子后面的树洞里，以备红军不时之需，这一藏就是31年。直到1959年，李尚发才将盐挖出，捐赠给博物馆。一罐食盐，见证了党和人民"有盐同咸、无盐同淡"的甘苦与共，生动诠释了中国共产党人始终不变的初心使命。

把共产主义确立为远大理想，是基于对社会发展规律的科学认识，是建设一个新世界的使命担当。中国共产党从诞生之日起，就把"为共产主义真理而献身"作为最崇高、最神圣的理想和信念。无数优秀的共产党人在白色恐怖里隐虎穴、炮火纷飞中奋刀枪，冲破"敌军围困万千重"，表现出无与伦比的英雄气概，这就是初心的力量、理想的召唤，成千上万的英雄为了这个理想献出了宝贵生命。"砍头不要紧，只要主义真""敌人只能砍下我们的头颅，决不能动摇我们的信仰"，这些视死如归、大义凛然的誓言生动表达了共产党人对远大理想的坚贞。

理想信念照亮了前行的路。艰难困苦的长征路上，中国工农红军爬雪山、过草地、涉沼泽、眠雪野，前赴后继，视死如归，意志如钢。在红一方面军二万五千里的征途上，平均每300米就有一名红军牺牲。红二军团四师有1500多人，从草地走出来时剩下不到700人。四支长征队伍出发时，共有20.6万人，沿途补充兵力1.7万人，到长征结束时仅剩5.7万人，而16.6万名将士战死或失散在长征途中。无论是牺牲在长征路上还是走完长征路的红军战士，都有着崇高的理想信念和顽强的革命意志。

这是1934年发生在湖南汝城县沙洲村的一幕：时已入冬，

寒风凛冽，3名随队长征的女红军借宿在徐解秀老人家中。老人的家里一贫如洗，连一条完整的被子都没有，盖的是一堆烂棉絮。3名女红军临走时，把仅有的一床行军被剪下一半留给老人。"什么叫共产党？就是自己有一条被子，也要剪下半条给老百姓的人。""半条被子"的故事之所以温暖人心、震撼人心，就是因为它充分体现了共产党人的初心和本色。"一切向前走，都不能忘记走过的路；走得再远、走到再光辉的未来，也不能忘记走过的过去，不能忘记为什么出发。""半条被子"的故事虽然发生在90年前长征时期，但其蕴含的精神内涵，仍是我们今天走好新时代长征路的力量源泉。

理想因其远大而为理想，信念因其执着而为信念。长征路上的苦难、曲折、牺牲，检验了中国共产党人的理想信念。1938年4月，张闻天在陕北公学演讲时指出，面对几乎不能渡过的天险金沙江与大渡河，面对人类几乎没有到过的雪山与草地，还有敌军的四面包围，"然而我们那时只有一个思想，就是无论如何要克服这些困难，要为自己的理想奋斗到底"。

理想信念坚定，是共产党人第一位的标准。不忘初心，方得始终。不忘初心，要求我们时刻不要忘记时代是出卷人、我们是答卷人、人民是阅卷人。中国共产党立志于中华民族千秋伟业，百年恰是风华正茂。过去100多年，党向人民、向历史交出了一份优异的答卷。《中共中央关于党的百年奋斗重大成就和历史经验的决议》指出："党和人民百年奋斗，书写了中华民族几千年历史上最恢宏的史诗。""全党要坚持唯物史观和正确党史观，从党的百年奋斗中看清楚过去我们为什么能够成功、弄明白未来我们怎样才能继续成功，从而更加坚定、更加自觉地践行初心使命，在新时代更好坚持和发展中国特色社会主义。"

现在，党团结带领中国人民踏上了实现第二个百年奋斗目标新的赶考之路。习近平总书记指出："功成名就时做到居安思危、保持创业初期那种励精图治的精神状态不容易，执掌政权后做到节俭内敛、敬终如始不容易，承平时期严以治吏、防腐戒奢不容易，重大变革关头顺乎潮流、顺应民心不容易。""四个不容易"就是新的赶考之路上的新考题。我们一定要继续考出一个好成绩，在新时代新征程上展现新气象新作为。践行初心，就要牢记党员第一身份，不辱使命，砥砺前行。我们曾经面对鲜红党旗向党庄严宣誓，实质上是对党庄重的政治承诺，需要不断实践来兑现。唯有实干精神，才能将理想信念变为现实。为崇高理想而奋斗，要从自己做起，埋头苦干、百折不挠，直至抵达梦寐以求的远方。

为了航母舰载机起降成功的那一刻，他倾注了全部心血。"他用生命擎起了舰载机起飞"。——罗阳是歼-15舰载机研制现场总指挥，中航工业沈阳飞机工业（集团）有限公司董事长、总经理。他投身祖国航空事业30年来，秉持航空报国的志向，常年超负荷工作，带领工程技术人员攻坚克难，完成了多个重点型号研制，直至生命的最后一刻。他将航空报国的志向写在蓝天碧海之间。习近平总书记作出重要指示，号召广大党员干部学习罗阳同志的优秀品质和可贵精神。

唐代王勃《滕王阁序》有言："老当益壮，宁移白首之心；穷且益坚，不坠青云之志。"秉持初心，是对党员干部革命精神和意志品质的自觉磨炼，是产生无坚不摧的力量之源泉。如果能够守住初心，就能战胜贪欲，筑牢不想腐的思想根基；如果背离初心，丧失革命意志和斗争精神，就会"一篙松劲退千寻"，就会被贪欲打败，脚下无"根"站不稳，心中无"根"行不端，就会萌生腐败动机，自我衰败。

《中共中央关于党的百年奋斗重大成就和历史经验的决议》指出："党中央强调，理想信念是共产党人精神上的'钙'，共产党人如果没有理想信念，精神上就会'缺钙'，就会得'软骨病'，必然导致政治上变质、经济上贪婪、道德上堕落、生活上腐化。"

人的一生犹如河流一样漫长而曲折，随着地位和环境的变化，形形色色的外界诱惑越来越多。要经常想一想，时刻问问自己：加入党组织时的初心是什么？为党做了些什么？将来身后应该留什么？是不是秉持初心、忠诚履职？是不是无愧于共产党员的光荣称号？经常以"到海得清无"自重、自省、自警、自励，严格要求自己。

守好人民的心

《礼记·哀公问》说："古之为政，爱人为大。"大意是说，古人治理国家，把关心百姓看作最重要的事情。《论语·雍也》中樊迟请教孔子什么叫智，答曰："务民之义，敬鬼神而远之，可谓知矣。"要为民众着想，为民众谋利，为民众奉献。

明代于谦的《咏煤炭》，抒发了诗人牺牲自己、造福人民的博大胸怀与无私品质。煤炭作为燃料，可以使人温暖，但它从深山中开采出来被人焚烧，却是历尽千辛万苦的。尾联云："但愿苍生俱饱暖，不辞辛苦出山林。"但愿千家万户都能又饱又暖，纵然千辛万苦，我也得走出深山老林。诗人说的是煤炭，却有所寄托，含义隽永，给人启迪。

这两句诗以双关和拟人手法描写煤炭的高尚品格，诗人把自己的感情和心愿融进煤炭，概括自己心忧苍生、情系社稷、奉献牺牲的一生。这种甘愿牺牲、粉身碎骨也不在乎的献身精神，把诗人最深的"意"，亦即价值取向、人生追求和盘托出：

自己历尽千辛万苦走上仕途，不是为了追求个人的荣华富贵，而是为了天下百姓得到饱暖。诗人甘愿像煤炭一样不辞辛苦地从深山老林中出来发光发热，报效祖国。此句与李纲的诗句"但得众生皆得饱，不辞羸病卧残阳"，有异曲同工之妙。

为民造福是立党为公、执政为民的本质要求。以人民为中心，保持对人民的赤子之心，既是党的初心，也是党的恒心。迈向第二个百年奋斗目标，全面建设社会主义现代化国家、全面推进中华民族伟大复兴，必须把实现好、维护好、发展好最广大人民根本利益作为制定政策、开展工作的出发点和落脚点。习近平总书记指出："江山就是人民、人民就是江山，打江山、守江山，守的是人民的心。"这一重要论述，是对党的百年历史的深刻总结，是对党的性质宗旨的生动诠释，警示我们要永远与人民心连心，永远守住人民的心。

民心是最大的政治。推进新时代党的自我革命，必须紧紧抓住保持同人民群众血肉联系这个关键，始终坚持人民至上，以"民之所忧，我必念之；民之所盼，我必行之"的使命情怀，站稳人民立场，走好群众路线。要时刻牢记群众利益无小事，高度重视和维护人民群众最关心最直接最现实的利益问题，不与群众争利，呕心沥血为人民。我们要以诚心和虚心的态度，拜群众为师，向群众请教，问政于民，问需于民，问计于民，从中汲取智慧和力量，维护人民的利益，维护社会公平正义。

中国共产党从来都把忠于马克思主义、忠于人民、忠于祖国作为自己的神圣义务和永恒品质。中国共产党人坚持马克思主义政党的先进性，对人民高度热爱，坚持一切为了人民、一切依靠人民，坚守人民情怀。人民群众反对什么、痛恨什么，就坚决防范什么、纠正什么；人民群众关心什么、期盼什么，就坚决抓好什么、干好什么。永不脱离群众，与群众有福同享、有难同当，有盐同咸、无盐同淡，始终把人民放在心中最高位置，把人民对美好生活的向往作为奋斗目标，尽心竭力地为大多数人谋利益，谱写了一篇篇感天动地的忠诚华章。

毛泽东一生倡导没有调查就没有发言权，写出了《湖南农民运动考察报告》《反对本本主义》《兴国调查》等著作，指导中国革命取得胜利。他生活上不讲究，最爱穿的就是"布鞋便装"，衣服破了可以补一补再穿。毛泽东平民气质的本质是他始终把自己当作人民的一分子，和广大的劳动者打成一片，尊重他们的生活习俗，体会他们的温饱冷暖。他的每一次握手、每一次交谈，都使他赢得人民更多的尊敬和爱戴。

有的领导干部官本位意识较浓，居庙堂之高，不忧其民，忘记了"水可载舟，亦可覆舟"的古训。淡化宗旨意识，脱离群众，不仅是态度问题、感情问题，更是政治立场、政治本色问题。私心膨胀，丢掉宗旨，贪婪不止，必然栽跟头。因此，党员领导干部须臾不能离开自身修养，要坚持自我革命，做到立身不忘做人之本，为政不移公仆之心，用权不谋一己之私，坚持立党为公、忠于人民、一心为民，不与民争利，永葆共产党人的本色。

领导干部要与群众一样，不管当了多大的官，都不能搞任何特殊。如果把领导看成风光体面的职业、光宗耀祖的荣耀，认为有高人一等的特权，能要独断专横的威风，那绝对是一大误区，那就是走下坡路的开始。越是掌握实权，越是职位升高，就越要树立正确的权力观，艰苦奋斗，淡泊名利，不为贪欲所俘，杜绝"付出太多，得到太少"的失衡心理，不断强化公仆意识和宗旨意识，坚守共产党人的精神家园。

共产党的干部来自人民，是"土生土长"的，是人民的公仆。对于共产党人来说，为人民服务是为共产主义奋斗终身的基本出发点，为共产主义奋斗终身是为人民服务的必然归宿。只有坚定共产主义理想信念，才能自觉地坚持全心全意为人民服务，思想道德和志趣才能高尚起来，才能摆脱个人主义束缚，升华到一个新的境界，抛弃种种对个人得失的计较，增进与人民群众的感情，把"官位"当作为人民服务的岗位。在人民群众面前，要甘当小学生。如果对人民群众冷漠，不把人民群众当回事，那就是不合格的干部。

2018年1月，成都市永宁镇天王社区一些群众，向社区当时的党总支书记周某反映饮水问题。周某竟对群众说："为人民服务不是为公民服务，你不是人民"，"你监督不到我"。口出雷语者随后被免职。从"你是替党说话还是替人民说话"，到"我是为人民服务，又不是为你服务"，再到"你不是人民""你监督不到我"，类似"雷言雷语"不时冒出，虽不具普遍性，但也说明还有少数党员干部严重缺乏基本的政治素养、理论修养和民本情怀，没有把群众当主人、当亲人、当老师。要弯下腰来、蹲下来、坐下来，在感情上贴近群众，在思想上尊重群众。要始终把依靠群众的智慧和力量作为推进事业的根本工作路线，乐于把整个身心乃至全部生命，融入全心全意为人民服务之中，献给为之奋斗的壮丽事业。

坚持全心全意为人民服务的根本宗旨，是我们党的最高价值取向。能否实现人民的利益、得到人民群众的拥护，是衡量我们党的路线、方针和政策是否正确的最高标准。"人民"是贯穿党的二十大报告的一条红线。新时代十年的伟大变革，一个重要方面就是深入贯彻以人民为中心的发展思想；中国式现代化的本质要求，就包括"丰富人民精神世界，实现全体人民共同富裕"。坚持人民至上，要求我们把实现好、维护好、发展好最广大人民根本利益作为出发点和落脚点，着眼于充分调动人民群众的积极性、主动性和创造性，满足人民对美好生活的向往和促进人的全面发展。以崇高的情怀把人民的安危冷暖放在心上，为人民谋幸福。这是共产党人的党性所要求的，是共产党人终身奋斗的永恒主题。

党的性质和宗旨决定了党员干部必须有坚定的党性、良好的作风。党性是作风的内在根据，作风是党性的外在表现。我们要保持清廉、勤勉的本色，书写有益于人民、无愧于历史、不负于前辈的崭新华章，当回首往事之时，才会感到由衷的自豪。

"君子志在泽天下，小人志在荣其身。"我们选择了做党的干部，就选择了为人民当好公仆，就选择了为党和人民无私奉献。要坚决摒弃形式主义、官僚主义、享乐主义和奢靡之风，用以人为本、艰苦奋斗、执政为民的思想，统领一言一行、一举一动，常怀爱民之心，常思利民之策，常尽为民之责，常兴富民之举，做清廉、勤勉的好党员、好干部。

领导的威望从哪里来的？靠上级封不出来，靠权力压不出来，靠自己吹不出来，靠耍小聪明骗不出来。只有靠真心实意地、尽心竭力地、坚持不懈地为群众办实事，才能逐步树立起来。人民在共产党人心中不是抽象的政治概念，而是鲜活的生命、力量的源泉。执政为民不是超越时空的抽象口号，不是停留在口头上的漂亮辞令，不是时髦的道德标签，不是中看不中用的花拳绣腿，也不仅是写在匾额上的金字招牌，它蕴含着共产党员以人为本、为人民谋利益的深刻内涵，体现了共产党人无私奉献的肺腑之言，犹如种子对泥土一生的承诺！

公私分明品自高

　　党员干部要立公心、治私心，以许党许国、报党报国的"大我"超越自私自利的"小我"，实现人生境界的升华。公私分明的党员干部才能坚持原则、一身正气。为公还是为私，是党员干部必须解答的重要考题。

　　衡量廉洁与否的尺子，是"公""私"二字，公私不分是廉洁的大忌，假公济私、损公肥私是典型的不廉洁。韩非有言："公私不可不明，法禁不可不审。"他是在阐明掌权者一定要公私分明。事实上，韩非一贯主张公私相分、公私相背，提倡尊公废私，这也是他最重要的法治思想。"一心可以丧邦，一心可以兴邦，只在公私之间尔。"无私才能无畏，无畏才能担当。"政在去私，私不去则公道亡。""见小利，不能立大功；存私心，不能谋公事。"可见，廉与公密不可分。

　　《后汉书》记载："巴祗为扬州刺史，与客暗饮，不燃官烛。"这位廉官私人宴客，宁可暗饮，也不用公家的蜡烛，其饮宴之费用，当然也不会让公家报销了。宋朝《竹坡诗话》记载：有一位京兆尹（中国古代官名），为三辅（治理京畿地区的三种官职，即京兆尹、左冯翊、右扶风）之一，极廉洁。有一天，他正在就着烛光办理公务，接到一封家信，于是灭掉公家的蜡烛，点起私人的蜡烛阅读家信。阅毕，命手下人秉官烛如初。此吏公私分明到了这种地步，连微小如烛光都能做到公私财物之间泾渭分明，实在令人感叹。

苏轼有言："苟非吾之所有，虽一毫而莫取。"我们应防微杜渐、慎独慎微，从点滴小事做起，守住公私分明的底线。《礼记·礼运》说："大道之行也，天下为公。"这种思想为后世众多仁人志士所继承和发展。"不以一毫私利自蔽，不以一毫私欲自累。"此话出自《中庸章句》，提醒人们不能为一点蝇头小利就处事不公，分不清是非；不能为一点私心私欲而捆住自己的手脚。越廉洁用权之底线，触党纪国法之红线，最终将作茧自缚，失去自由。

模糊公私界限就会模糊价值判断，混淆公私利益就会混淆是非对错。中国共产党代表中国最广大人民的根本利益，党的根本宗旨是全心全意为人民服务。"全心全意"意味着不能有半点私心，不含有一点杂质。"不私，而天下自公。"公私分明、不谋私利才能谋根本、谋大利，才能从党的性质和根本宗旨出发来检视自己。《中国共产党廉洁自律准则》第一条规定："坚持公私分明，先公后私，克己奉公。"

党员干部有自己的基本权益和基本需求，但这不能同私心、私利、私欲混为一谈。越是面对小事、小钱，越能看出党员干部能否分清公与私。"公私分明"就是要恪守本分、不越底线，这是第一重境界；"先公后私"就是要克己奉公、先忧后乐，这是第二重境界；"公而忘私"就是要毫不利己、专门利人，这是第三重境界；"大公无私"就是要鞠躬尽瘁、死而后已，这是第四重境界。

公私分明，是做人处世的根本。每一个人都需要和他人交往，和社会、企业、机关等发生这样那样的关系，不可避免地会面临公私问题，必然会面临道德上的选择，但绝对不能公私不明。对人民利益有益的，就毫不动摇地坚持；对人民利益不利的，就毫不犹豫地改正。共产党的干部手中的权力是人民赋予的，应该也只能用来为人民谋利益。

老一辈无产阶级革命家无疑是以身作则、廉洁自律的楷模。毛泽东身体力行，处处以身作则，严格要求自己、身边工作人员及亲人，不搞特权和特殊化。长征过草地时，气候寒冷，辣椒是御寒的重要食物。警卫员曾设法为酷爱吃辣椒的毛泽东多领了20个红辣椒，却被他严令如数退回。新中国成立后，毛泽东的亲朋好友纷纷写信请求安排推荐工作，毛泽东均回绝了。毛泽东把与各国交往中受赠的贵重礼品一律归公。著名民主人士雷洁琼参观毛泽东遗物展时写下了8个字："公者千古，私者一时。"

有位管家陪伴毛泽东度过了12个春秋。他，就是吴连登。据吴连登说，一些国家元首送给毛泽东的贵重礼品，五花八门，琳琅满目。毛泽东处置这些礼品既有原则又有分寸。凡属贵重礼品一律归公，专门陈列起来。对于没法保存的土特产，水果——送幼儿园，茶叶——送身边工作人员。吴连登从来没听毛泽东说过将水果、茶叶送给家人；逢土特产量大时，他就让工作人员拿到中南海食堂去卖掉，然后附上一封讲明党关于不准送礼的规定和纪律的信，将钱寄给送礼的单位和个人。

大约在1964年，印度尼西亚掀起了迫害我侨胞的浪潮，我国政府义不容辞地出面保护了他们。有侨胞出于感激之情，送给毛泽东重达31.5公斤的燕窝。燕窝之珍贵人所共知，就是在当时也得四五百元一斤，相当于毛泽东一个月的工资。毛泽东毫不犹豫地指示，让人把它们全部送到人民大会堂招待外国人。秘书徐业夫试探地问是不是家里留一点，毛泽东摆摆手，表示一点都不用留，全部送走。于是，这31.5公斤燕窝一克不少地送到了人民大会堂。

有一次，宿州军区原副司令员龙飞虎托人给周恩来送来一筐橘子，总理让秘书查明一筐橘子的价格是25元，并吩咐"给他寄去50元"。如此，龙飞虎以高出一倍的价钱"卖"给总理一筐橘子，他以后再也不敢给老首长送东西了。试想，总理若坦然收了这筐橘子，后面就有可能是名烟名酒，甚至是真金白银。周恩来从一开始就亮明了自己的立场，给周围同志释放了明确的信号。

1963年12月16日，罗荣桓元帅在弥留之际嘱咐爱人："我死以后，分给我的房子不要再住了，搬到一般的房子去，不要特殊。"他还交代子女："我没有遗产留给你们，没有什么可以分给你们的。爸爸就留给你们一句话：坚信共产主义这一伟大真理，永远干革命。"

习近平总书记说："只有把小我融入大我，才会有海一样的胸怀，山一样的崇高。"他率先垂范，向世人作出了"我将无我、不负人民"的庄严承诺。

然而，有的党员领导干部将大公无私、公私分明这一价值观抛之脑后，认为用公车办一回私事、花公款请一回朋友、借公权为亲朋安排一份工作，是人之常情，用不着大惊小怪。纵观一系列腐败现象会发现，这些都是与假公济私、损公肥私、以权谋私、化公为私等联系在一起的。殊不知，拿一分钱财，就降低一分威信；破一次规矩，就留下一个污点；谋一次私利，就失去一片人心。多少不正之风就是在习以为常中蔓延、在见怪不怪中逞威的，个人与公家彼此不分、人情与原则搅合在一起，往往就是导致腐败的重要诱因。

党员领导干部面对权力侵蚀和金钱诱惑，必须保持思想警惕，严守公私财产界限，避免沾染贪腐之气，防止堕落掉进深渊。作为党的干部，要大公无私、公私分明、先公后私、公而忘私，事事出于公心，把权力的运行公开化，防止权力的滥用。

习近平总书记在深入推进党的自我革命实践需要把握好的九个问题中，强调"以正风肃纪反腐为重要抓手"。必须把纪律挺在前面，坚持纪严于法、纪在法前，把管和治更多体现在日常，真正管住绝大多数。

2024年1月1日起施行的《中国共产党纪律处分条例》第一百一十二条规定："利用职权或者职务上的影响，违反有关规定占用公物归个人使用，时间超过六个月，情节较重的，给予警告或者严重警告处分；情节严重的，给予撤销党内职务处分。""占用公物进行营利活动的，给予警告或者严重警告处分；情节较重的，给予撤销党内职务或者留党察看处分；情节严重的，给予开除党籍处分。""将公物借给他人进行营利活动的，依照前款规定处理。"

党员领导干部手中掌握着公权力，掌管着公共资源，应强心智，明心灯，做到公私分明。要树立正确的权力观，以敬畏之心、忠诚之心谨慎用权，回答好"权从何来""为谁用权""怎样用权"的问题，坚决做到"公款姓公，一分一厘都不能乱花；公权为民，一丝一毫都不能私用"，光明正大、堂堂正正，而不能肆意妄为，不能将自己的权力凌驾于党纪国法和民心民意之上，不能让"权力"与"贪腐"搭上关系。

方志敏甘守清贫

方志敏是中国共产党早期农民运动的杰出领袖、闽浙赣革命根据地的主要创始人。方志敏身居高位，但与民同苦；生活清贫，但意志坚强，受人敬仰。他在《清贫》中写道："清贫，洁白朴素的生活，正是我们革命者能够战胜许多困难的地方！"这既是方志敏的座右铭，更是他一生艰苦奋斗的真实写照。

方志敏在30岁前后，领导了弋阳、横峰农民起义，创建了江西红军独立第一团、中国工农红军第十军；他开创的赣东北革命根据地，被毛泽东誉为"方志敏式的根据地""苏维埃模范省"；35岁时，他率领北上抗日先遣队深入敌人腹地，冒死掩护中央红军转移……

方志敏参加革命后，其家被烧杀抢劫十余次。母亲迫于无奈，向他要钱。他说："姆妈，我是当主席，可当的是穷人的主席，哪里是官？饷银嘛，将来会发，现在没得发。"在公与私之间，在革命与亲情之间，坚持以革命利益为重，表现了方志敏的高尚革命情操。

方志敏领导赣东北人民进行了十几年的革命，从来没有奢侈过。他担任省苏维埃主席兼省军区司令员，尽管职位很高，权力很大，但到各地巡视工作从来不准许招待，谁招待谁受批评。他从不接受礼品，也不允许别人和红军部队、苏维埃机关接受任何礼品。

为了节约每一个铜板，他作报告、开会、讲话，从不喝茶，只喝白开水。有一次，老百姓送来一些茶叶，警卫员泡好了茶，端给他。他严肃地说："以后不准收老乡送来的东西，他们也很困难，让他们留着卖几个钱吧。"然后拿出几个铜板，让警卫员送给老乡。而这几个铜板，就是方志敏一个月的津贴费。

1935年1月，方志敏为侦察突围路线，来到怀玉山太阳坑的一棵千年古树旁，村里的雷妈妈招呼他们进屋休息。方志敏把手中的望远镜和一条红五星布袋子挂在树枝上，走进了雷妈妈家。已经饿了几天几夜的方志敏在这里吃上了热腾腾的玉米饭、咸菜汤。

告别雷妈妈时，方志敏深情地说道："今天多亏了您，我们现在一分钱也没有，把望远镜和红五星袋子送给您。等革命胜利后，您就带着这两样东西找我们。"得知方志敏遇难后，雷妈妈一家悲痛万分。为了缅怀方志敏烈士，人们便把此树命名为"清贫树"。

1935年1月，方志敏在江西陇首村与国民党军队作战时，不幸被捕。在国民党监狱中，方志敏拒绝了一切威逼利诱，他大义凛然，抱定了为革命为人民事业献身的信念。他写下了10多万字的文稿和书信，如《可爱的中国》《清贫》等，一直到今天，依然熠熠闪光，为人传颂。

他在《清贫》中写道："我从事革命斗争，已经十余年了。在这长期的奋斗中，我一向是过着朴素的生活，从没有奢侈过。经手的款项，总在数百万元；但为革命而筹集的金钱，是一点一滴地用之于革命事业。这在国方的伟人们看来，颇似奇迹，或认为夸张；而矜持不苟，舍己为公，却是每个共产党员具备的美德。"

方志敏在《清贫》中，叙述了一件事。当两个国民党士兵在树林中搜捕到他时，满怀希望以为能在他身上搜出一千或八百大洋，或者一些金镯子、金戒指之类的东西，发一笔意外之财。但他们从方志敏的祆领捏到袜底，只得到一只普通的怀表和一支自来水笔。

他们以为方志敏把钱藏了起来，凶相毕露，拿出一颗榴弹，威吓说："赶快将钱拿出来，不然就是一炸弹，把你炸死去！"

面对凶恶贪婪的敌人，方志敏淡淡地说："哼！你不要作出那难看的样子来吧！我确实一个铜板都没有存；想从我这里发洋财，是想错了。"

"你骗谁！像你当大官的人会没有钱！"拿榴弹的士兵当

然不相信，依旧盯着方志敏，要他交出钱来。另一个士兵则再一遍地从衣角到裤裆过细地捏，希望能有新发现。

"你们要相信我的话，不要瞎忙吧！我不比你们国民党当官，个个都有钱，我今天确实是一个铜板也没有，我们革命不是为着发财！"方志敏再次向他们解释。

最后，这两名士兵终于相信了方志敏的话。他们商定，将怀表和自来水笔卖出钱后，两人平分。

方志敏在狱中写下的《死！——共产主义的殉道者的记述》中有这样一段话："为着阶级和民族的解放，为着党的事业的成功，我毫不希罕那华丽的大厦，却宁愿居住在卑陋潮湿的茅棚；不希罕美味的西餐大菜，宁愿吞嚼刺口的苞粟和菜根；不希罕舒服柔软的钢丝床，宁愿睡在猪栏狗窠似的住所！……一切难于忍受的生活，我都能忍受下去！这些都不能丝毫动摇我的决心，相反的，是更加磨炼我的意志！我能舍弃一切，但是不能舍弃党，舍弃阶级，舍弃革命事业。"

难道他只愿忍受饥饿、寒冷、危险、困难、屈辱、痛苦，而不愿过上幸福的生活吗？不是。他只是不想一个人过好日子，想让所有饥寒交迫的人都过幸福的生活。

方志敏以其毕生的执着追求和艰苦奋斗，为中国革命立下了汗马功劳。方志敏的清贫观是对"先天下之忧而忧，后天下之乐而乐""艰难困苦，玉汝于成"等中华民族传统美德的继承和发扬，是共产党人甘于清贫、矜持不苟的高贵品质的生动写照。

方志敏的清贫观是革命的正气歌，是共产党人珍贵的精神食粮，蕴含着严于律己、不徇私情的精神，体现着共产党人廉洁奉公、甘当公仆的好作风。我们学习方志敏同志，就要像他那样，一身正气，清正廉洁，保持共产党人的政治本色和革命气节。

握有清欢不屑争

"人间有味是清欢"，是苏东坡在游山时设身处地体味了一番清茶野餐的自然情趣后，从内心深处生发出的感叹，诗句中蕴含着寻味不尽的哲理，引人思索回味。苏轼是感悟到了"清"的境界，才顿生了"欢愉"的情趣。何谓"清欢"？清雅恬适之乐也。人间应有怎样的"味"？人间真正有味道的还是清淡的欢愉。清欢的意趣表现在对平静的、疏淡的、简朴的生活的一种热爱，也表现在对宁静无忧的田园生活的向往，蕴含着苏东坡经历苦难所展示的旷达、超然、淡定的人生态度。

"人间有味是清欢"，这种清淡素朴的美，也是自身思想境界的体现。不拥抱生活，失去了情趣，肯定体味不到人生的"清欢"。"清欢"似乎给人以"淡"的感觉，"淡"里面蕴含着饱满充实的感情。"清欢"是深藏在骨子里的，非细品慢尝不可，最是悠远绵长。当年苏轼为官一任，造福一方：与民共抗洪涛，带领民众疏通西湖、筑堤防洪，晚年将先进耕作技术传播给黎族同胞，一直没有贪欢、大欢、狂欢。"清欢"，乃清淡从容的快乐，确是一种至高的精神境界。

清与浊相对。清则纯净透明，没有杂质，心境高雅，正气充盈。"清"是高洁的人生志趣，是党员干部基本的政治要求。要清心、清新、清爽，追求轻盈恬淡的人生。如果一味热衷于获取，追求享受，就会在物质的旋涡中迷失方向。要学会修心修身、清心寡欲、不贪不奢、一身正气。清正廉洁，是历朝历代执政者普遍奉行的政治伦理。党员干部永葆廉洁、两袖清风，不是至高境界，而是底线要求。要严格遵守党纪国法，永葆共产党人的清廉本色。

明代有位监察御史吴讷，为人清廉，他敢拒贿赂的故事传为生动的佳话。一次，他奉命去贵州巡察，巡察完毕返回京都时，贵州地方官员祈望他回朝廷后向圣上多言好事，于是派人从府库中取出黄金百两，沿着吴讷返京的路线辗转数百里，追到三峡入口处的夔门，恭请吴御史无论如何将百两金子收下。吴讷看了眼百两金元宝，取笔墨在封包皮面上题写了《题贿金》："萧萧行李向东还，要过前途最险滩。若有赃私并土物，任教沉在碧波间。"大意是，我带着轻便行囊行水道而归，前方水急滩险但我无所畏惧，那是因为我心中坦荡荡，诗人对天发誓：如果我要是带有贪污受贿的财物，就让我连同赃物一起沉到水里去。他借此表明了自己心志坚定的态度，也使送礼金的人惭愧知退。

清廉乃为官者的立身之本、从政之基。"呕心勤政万次少，贪赃枉法半回多。"一个人贪欲过多不会得到幸福，得到的只能是遗憾和怨恨。身葆廉风施正气，胸含霁月鉴清心。能否做到秉公用权、不以权谋私，依法用权、不徇私枉法，廉洁用权、不贪污腐败，体现出共产党人的基本素质和修养高下。

党员领导干部的言谈举止对一个地方和部门的风气具有明显的作用。党员领导干部思想纯洁、行为廉洁，关乎个人素质，更关系到社会安定、人民福祉、国家兴旺。历史经验证明，廉洁与否决定着政权的兴衰成败。如果廉政上不过关，就没有先进性和纯洁性可言，就会丧失民心。汉代班固说："吏不廉平，则治道衰。"

纯洁性对党的创造力、凝聚力、战斗力有着根本的影响。一个政党只有保持纯洁性，才能永葆先进性。在改革开放条件下，党员领导干部一定要把清正廉洁作为道德修养和党性修养的必修课、党性锻炼的重要任务，常怀忧党之心，恪尽兴党之责，反腐倡廉常抓不懈，拒腐防变警钟长鸣。

廉洁是一种品行、一种信念、一种力量，也是一种幸福。习近平总书记强调，"清廉是福、贪欲是祸"，要"清正廉洁作表率"，"清廉自守、廉洁从政、干净做事"。党员领导干部要严格廉洁自律，堂堂正正做人，干干净净干事，不以公权谋取私利，始终保持清廉的本色。如果你信奉"有权不用枉做官""有权不用是傻瓜"，等到成了"阶下囚"时，才会深切感到廉洁是人生之宝，自由、名声最可贵。在新时代，党员领导干部要保持共产党人清正廉洁的政治本色，珍视廉洁的操守，坚守廉洁的底线，不断提升精神境界，战胜形形色色的外在诱惑，抵御任何形式的糖衣炮弹袭击，防微杜渐，警钟长鸣，坚持破世俗一尘不染、立高洁两袖清风，向党和人民交出满意的答卷。

不为繁华易素心

元代文学家冯子振一生为官清廉，深受百姓敬仰。请看他的《西湖梅》："苏老堤边玉一林，六桥风月是知音。任他桃李争欢赏，不为繁华易素心。"梅花花开花落，造化天成，总有定数，是不会改变的。诗人以花明志，面对声色犬马，依然能够保持初衷、高洁淡泊，不追名逐利。

在世人纷纷追逐"繁华"的时代，保持"素心"不易。《辞海》诠释"素心"：心地淳朴。常怀素心之人，心无旁骛，远离喧嚣尘世，无意声色犬马，没有过多的享受欲，将物质利益看得很淡。为政做官，有了素心，才能"任凭风浪起，稳坐钓鱼船"。

司马光一生以"俭素为美"。在日常生活中省吃俭用，"平生衣取蔽寒，食取充腹"，"不喜华靡"，再加上除俸禄外，从不谋取外财，以至于终身清贫。司马光的陋室低矮，瓦檐以草压顶，夏天闷热难挡。用什么办法来减轻这热浪灼人的暑气呢？他找来铁锹、镢头等工具，在室内深挖几米，用砖石砌成一间地下室，用以纳凉。

"泰山崩于前而色不变，麋鹿兴于左而目不瞬，然后可以制利害，可以待敌。"这是宋代苏洵《心术》中的名句——即使泰山在面前崩塌也面不变色，即使美好的麋鹿在旁边起舞也不去看一眼。面对惊吓和引诱都毫不动心，才可以为将，才能克敌制胜。

明代嘉靖年间，福建南安知府张津为官清廉、品行廉洁。上任不久即发现有人欲行贿赂，于是亲自书写一副对联，公开警示："宽一分则民多受一分赐；取一文则官不值一文钱。"功名利禄、金钱美色等形形色色的诱惑，对人的考验可能是每日每时、无处不在的。私心和贪欲大概是潘多拉盒里的两个魔鬼，稍一松懈，就会侵入人的心灵。想要降服这两个魔鬼，需要清醒的理智和坚强的意志，筑牢道德防线，增强自身免疫力。

崇尚俭朴，不搞奢侈，日子才能长久；奢侈下去，就意味着好日子快过到头了，千金散尽不复来。官位高者奢侈无度，就会成为社会的大蠹，害莫大焉。许多王朝走向衰落，其重要原因就是君主骄奢无度。奢侈之风是败家之风、亡国之风。贪欲与骄奢会导致对金钱的狂热追求和世风的沦丧，倘若"刹不住车"，还会导致国家的衰亡。可见，成由勤俭败由奢，此乃千古以来的铁则，宜为朝夕省察之资也。

一段时间里，一些不正之风出现了新动向、新表现，比如利用微信红包、物流快递、支付宝转账等方式收送礼金、礼品，又如舌尖上的腐败转移到偏僻隐蔽的农家乐等。一些别有用心之人用"糖衣裹着的炮弹"，对领导干部直接"轰炸"，或以重金、股份，以名人字画等进行诱惑。在腐蚀拉拢领导干部难以奏效的情况下，他们往往迂回侧击，从领导干部的妻子和子女身上打开"缺口"，让领导干部在亲情的包围圈里迷失方向、失去自我。或通过领导干部家属频吹"枕边风"，或寻觅领导干部的软肋，进行诱惑、腐蚀。这些形形色色的诱惑，表面光鲜诱人，其目的却是迷惑内心，让人作出错误的选择，随之而来的就是无情打击乃至覆没。

党员领导干部要保持清醒头脑，警惕别有用心的人情往来，防止掉入他人"围猎"的陷阱。在金钱美色等诱惑面前，对与错只在一瞬间。党员领导干部手握权力，面临的风险考验和诱惑日益增多，一定要守得住初心，自觉炼就"金刚不坏之身"，保持廉洁心态，把好自己的关，坚决抵制各种诱惑。没有廉洁这个"1"，能耐再大也是"0"，如果方向错了，就算脚力再好，只会越跑越偏。当诱惑来到我们面前的时候，一定要想一想不拒绝的后果，保持共产党人的高尚节操。君子"当以事后之悔悟，破临事之痴迷"。"身后有余忘缩手，眼前无路想回头。"切莫让某种东西在一瞬间导致你失去警惕，左右你的思想，指挥你的行动，使你花了眼、昏了头，一步步迈向贪欲的万丈深渊。当身陷牢笼时，给自己和家人带来的痛苦是难以想象的，此时才大彻大悟，可就晚了。

中央纪委国家监委网站2022年1月11日刊发《"交通明星"将自己的人生路修向了"牢房"》，剖析了云南路桥股份有限公司原董事长、总经理鲁某某违纪违法案件。

鲁某某在担任路桥公司"一把手"后，肆意妄为，迷失在权力里，再加上外部监督乏力，使其错误长期得不到纠正，导致鲁某某的纪法底线一次次被贪欲突破，党性、道德、操守全面溃堤决口。

2010年3月，鲁某某为了回购由北京高能控股公司持有的云南路桥公司股份，欲从公司获得资金用于个人购买高能控股公司的股份，利用职务便利，私下与公司财务总监刘某某等人商量后，违反公司规定，未经公司股东大会审议批准，以发放融资奖的名义将公司资金1448万元发放给公司有关人员。其中，鲁某某安排刘某某直接发放融资奖985万元，鲁某某分得910万元，刘某某分得15万元，其余10人分得5万至10万元不等。2002年至2015年期间，鲁某某利用担任云南路桥公司董事长、总经理职务便利，违反公司章程及有关规定，连续14个年度，个人决定给自己发经营者奖励，将路桥公司合计2971.78万元资金直接非法侵吞，占为己有。……2020年12月24日，法院依法以贪污罪、国有公司人员滥用职权罪，判处鲁某某有期徒刑17年，并处罚金人民币400万元。

应时刻牢记"手莫伸，伸手必被捉"的忠告，增强荣誉感和羞耻感，慎待诱惑，以不变应万变。作为党员领导干部，从业之要在于廉洁，在于不移公仆之心，不伸手拿自己不该拿的，不热衷于升迁，不当那种在侥幸心理支配下，拿自己的身家性命、前途名誉当赌注的赌徒。

体现人生最高价值的绝不是金钱和财富，而是人的品位和为社会所做的贡献。1959年，国家主席刘少奇接见清洁工人时传祥时语重心长地说："你掏大粪是人民勤务员，我当国家主席也是人民勤务员。这只是革命分工不同，都是革命事业不可缺少的一部分。"

我们应恪守党性原则和道德修养，在金钱面前腰不弯，在美色面前腿不软，不为贪欲所俘，不为邪气所摧，杜绝"付出太多，得到太少"的失衡心理。一定要淡泊名利，守住心中的那一片蓝天，不要让诱惑冲破心灵的道德底线。

面对形形色色的"围猎"和诱惑，须坚决拧紧"总开关"，及时识破"围猎"手段，自觉抵制"围猎"。作为党员领导干部，需要有"不为繁华易素心"的矜持，坦诚处世，纯朴做人。

"勿轻小事，小隙沉舟；勿轻小物，小虫毒身。"抵制和战胜诱惑，必须从身边小事做起。严格约束自己的思想和行为，抛弃心中的奢欲和贪念，及时防止和纠正小的过失，不让小错误在自己身上种下祸根，确保做人不逾矩、办事不妄为、用权不违规。不能胜寸心，安能胜苍穹。要时刻把心管住，多看前车之鉴，多思警示之言，"临之以患难而能不变，邀之以宠利而能不回"，任他红尘滚滚，我自清风明月，坚持做人的底线，坚持党性原则，筑牢思想堤坝，立身纯正，守拙自乐，淡泊名利，追求崇高。

律己宜带秋风

历史上有这样一段箴言："吏不畏吾严而畏吾廉，民不服吾能而服吾公；公则民不敢慢，廉则吏不敢欺；公生明，廉生威。上贪则下赃，上廉则下洁，上行则下效。"清朝时，有一清官叶存仁，为官30余年，淡泊名利。在他离任时，僚属派船送行，依依惜别，船却迟迟不肯启程。待到明月高挂时，船边划来一叶小舟，原来是僚属趁着月色，为他送来临别馈赠。见到此情此景，叶存仁即兴赋诗一首：月白风清夜半时，扁舟相送故迟迟。感君情重还君赠，不畏人知畏己知。

作为封建时代的官吏，在人生的转折点，仍能保持廉洁自律，其官德可嘉，难能可贵，亦可引为共产党人的明镜。党员干部来源于人民，根植于人民，权力的基础也是人民，因此，绝不能用手中的权力捞取私利。这对于掌握大大小小权力的党员干部来说，是一个永恒要求。

"律己足以服人，量宽足以得人，身先足以率人"。党员干部只有严以律己、兢兢业业、笃行不怠，才能使人民心悦诚服。

自我革命是中国共产党永葆青春的法宝。应把"常怀律己之心"作为自我革命和党性修养的重要内容，常念"紧箍咒"，自设"高压线"，行所当行，止所当止，做到心中有党、心中有民、心中有责、心中有戒，在防微杜渐上不舍尺寸之功，提升思想境界。有的党员领导干部对制度笼子扎得紧、监督之网织得密，感到很不舒服，总爱发些牢骚，这是自律不严之流露。

严以律己，就要摆正个人利益和整体利益的关系，把个人利益融入党和人民群众的利益之中。在个人利益和整体利益发生冲突的时候，共产党员必须坚持党性原则，无条件地以个人利益服从整体利益，牺牲个人利益换取整体利益。工作多做一些不要觉得吃亏，待遇稍差一点不要感到委屈，要为党和人民的事业勇挑重担。

周恩来对自己要求十分严格。第五次反"围剿"失败后，博古在遵义会议上作报告，分析了反"围剿"失败的直接原因，周恩来随即主动承担责任，指出反"围剿"失败的主要原因是军事领导的战略战术错误，并作了深刻的自我批评，再三要求撤销自己红军总政委职务。在新中国成立之后的总理生涯中，无论是国家大事抑或个人小事，他都时刻保持自我反省与自我批评的习惯。

1959年，身边的工作人员擅自对周恩来在中南海西花厅的居住与办公场所进行了简单修缮，只是简单粉刷了墙壁，铺了地板，更换了窗帘。后来，周恩来为此多次在公开场合做了检讨。习近平总书记在纪念周恩来同志诞辰 120 周年座谈会上高度赞誉："周恩来同志是自我革命、永远奋斗的杰出楷模。"

应当以严格自律的态度对待个人名位，努力做到淡泊名利。1955 年在中国人民解放军授衔前夕，装甲兵司令员许光达听说要授予自己大将军衔，写了一份《降衔申请书》，谦虚地从德、才、资、功方面，指出自己与大将军衔的不相称之处，并恳切地说："不要说同大将们比，心中有愧。与一些年资较深的上将比，也自愧不如。……现在我诚恳、慎重地向主席，各位副主席申请：授我上将衔。另授功勋卓著者以大将。"毛泽东高度赞扬这份《降衔申请书》，对军委其他领导人说："这是一面明镜，共产党人自身的明镜。"党中央、中央军委决定，仍授予他大将军衔，但他最后坚持给自己降低了一级薪金待遇。

1920 年 4 月初，在苏俄布尔什维克党的第九次代表大会闭幕前的一次会议上，许多代表一开始就提出要把这次会议用来庆祝即将到来的列宁五十寿辰。这个建议赢得了全体代表的热烈掌声。列宁却表示不同意，站起来提议说："同志们，还是让我们一起来唱《国际歌》吧！"代表们响应列宁的提议，齐声唱起了《国际歌》。但是，大会接着还是转入了关于祝贺列宁生日的发言。列宁建议谈谈党和苏维埃建设中的迫切问题。然而，大会的代表们不同意。列宁实在不愿意听人们对自己的热情颂扬，马上站起身退出了会场。

1949年进北平之前，毛泽东正式提出，禁止给党的领导人祝寿。1944年4月30日，续范亭在与毛泽东的交谈中得知去年毛泽东五十岁生日时，延安各界并未举行任何祝寿活动，对此深有感触，赋诗道："半百年华不知老，先生诞日人不晓。"1953年8月，毛泽东在全国财经工作会议上向全党尤其是高级干部郑重指出"六不"，第一条便是"不作寿"。他说："一不作寿。作寿不会使人长寿。主要是把工作做好。"

新中国成立以后，保健医生徐涛多次向毛泽东建议，注意营养，多吃点好东西，确保身体健康。对于医生的建议，他都摇头拒绝。有一次，毛泽东指着自己碗里用大米、小米合做的饭对徐涛说："全国农民要是都能吃上我这样的饭，那就很不错了。"

严以律己，就要以公律心。在不同的社会形态，"公"的含义不同。以往历史中大多阶级的"公"，不过是为了本阶级的整体利益罢了。我们共产党人的以公律心、公而忘私，是共产主义道德的本质特征，是人类社会发展史上的一种最高层次的道德境界。

党员干部的一举一动都受到周围几百双眼睛甚至更多人的注意，因而做到了以公律心、公而忘私，就会赢得人心，群众就会心悦诚服。党员干部无论是受到监督时，还是缺少监督时，都要坚持严以律己，保持一身浩然正气。正如英国诗人丁尼生所说："自重、自觉、自制，此三者可以引致生命的崇高境域。"

严以律己，就应勇于无情地解剖自己，像秋风扫落叶一样，不断地纠正自己的缺点和错误。明代王廷相说："迁善当如风之速，改过当如雷之决。"在事实面前虚心认错，表明自己在以后工作中会以此为鉴，人品会更高。清代张潮在《幽梦影》中有句名言："律己宜带秋风，处事宜带春风。"告诫人们要求自己要像秋风一样严厉，对待别人应如春天般温暖。马克思说："环境正是由人来改变的，而教育者本人一定是受教育的。"周恩来提倡："有错误要逢人便讲。"这些深含哲理之言，当引起我们深思、慎思！一旦出现过错、失误或违纪行为，就要勇敢地承认，尽快改正，不能用放大镜看自己的成绩和长处，而用显微镜看人家的缺点和短处。

在革命战争年代，有一次，刘志丹在看地形的时候，他的马吃了群众的麦子。部队宿营时，他主动把大家召集到一起，痛心地要求大家处罚他。一听这话，马夫急忙站起来解释："这事不怪志丹，那马是我没有看好，应该处分我。"有的战士说："就吃这么十多棵麦子，检讨一下算了。""那可不行。"刘志丹不能宽恕自己。后来，大家只好提议罚他给老乡挑水。刘志丹进村后，一担一担不停地挑水，一直挑了十多家。这种严于律己的精神令人钦佩。

李立三，无产阶级革命家，中国工人运动的杰出领导人之一，于1930年主持中央工作时曾犯过急躁盲动的错误。错误得到纠正之后，他痛定思痛，不止一次地说："如果党需要我

当'反面教员'，我就当好这个'反面教员'。"他多次向熟悉
的同志和素不相识的人讲自己的错误。如1946年，他回到东
北，化名李敏然。有些单位请他讲党史，他选择介绍"立三路
线"的错误，并分析形成原因和责任，受到许多同志的称赞。
他认为，一个共产党员犯了错误，首先要想到党的面子、人民
的面子，绝不能为了顾全个人的面子，而百般掩盖自己的错
误。这位革命家，错误犯了3个月，却坦率检讨了30多年，体
现了共产党人的君子之风。

严以律己，是党员干部保持自我革命精神的重要内容，是
一个直面自我、弥补缺点和不足、不断完善发展的过程。成功
的峰巅攀登上去往往要付出千般辛苦，而跌落下来常常缘于一
念之差。因此，党员干部应常破"心中贼"，常有"临深履薄"
之感，常存诚惶诚恐、战战兢兢之心，时时警醒自己，处处把
握自己，正确使用权力，搞清掌权为什么、用权干什么、当官
图什么的问题。

只留清气满乾坤

中华民族讲廉洁、重气节，崇尚视廉洁如生命，不荡于富贵，不蹙于贫贱，不摇于威武。道之所在，死生以之。唐代孟浩然诗云："看取莲花净，应知不染心。"莲花被看作是清正廉洁的化身，源于它生于泥潭，却能亭亭净植、一尘不染。古往今来，人们爱莲花，更爱具有莲花一样品格的人。北宋学者周敦颐《爱莲说》有言："出淤泥而不染，濯清涟而不妖。"其寓意是在尘世中保持高洁，当个出淤泥而不染的君子。

王冕（1287—1359），元末文坛颇具影响力的画家、诗人。王冕题画诗《墨梅》："吾家洗砚池头树，朵朵花开淡墨痕。不要人夸好颜色，只留清气满乾坤。"诗人认为梅花的价值不在于五彩缤纷的颜色，而在于它的一股正气，使其充塞于天地之间。两句诗既是赞梅，也是借梅自喻，表达作者独善其身、光明正大、鄙薄世俗的高尚品格；自己写诗作画，不是为了哗众取宠、受人夸奖，而是为了在天地之间留下清香的正气。

在中国共产党百年奋斗历程中，历代党的领导人都坚持从严治党，选拔任用清廉干部，不断强化党的纯洁本色，反对贪污腐败的斗争和倡导清正廉洁的教育一直没有停止过。

党的二十大报告强调："只要存在腐败问题产生的土壤和条件，反腐败斗争就一刻不能停，必须永远吹冲锋号。坚持不敢腐、不能腐、不想腐一体推进，同时发力、同向发力、综合发力。"推进反腐败斗争向纵深发展没有休止符，持续深化党的自我革命没有终点，持续推动自我革命，才能迎来海晏河清、朗朗乾坤。

腐败是破坏纯洁性、影响公信力、涣散凝聚力的"病毒"。保持清廉，是党员干部保持纯洁性的本质要求，是对作为人民公仆的领导干部的基本要求，是权力的人民性和公共性本质的必然要求，是党员领导干部最基本的伦理道德标准。从政从业不廉洁，何以有厚德？修清廉之魂，履廉政之责，传承着民族的精神，凝结着慎独的品质，构筑着镰刀斧头的本色，培育着为人民掌好权的道德修养。

坚决惩治腐败是党自我革命必须长期抓好的重大政治任务。历史规律表明，越是长期执政，党面临的风险挑战越严峻，越要勇于自我革命。跳出历史周期率，永葆青春活力，既需要一以贯之"让人民来监督政府"，更需要党以断腕之勇、忍刮骨之痛自剜腐肉，不断进行自我革命。在党中央惩治腐败不定指标、不设上限的高压态势下，惩治腐败没有禁区、没有特区，也不能有盲区。党员干部自当在其位谋其政，既廉又勤，既干净又干事，清白做人，廉洁从业，必须时刻保持自重自省、自警自励，集干净与干事于一身、勤政与廉政于一体，坚决筑牢拒腐防变的思想道德堤防。必须始终做到坚定跟党走，自觉保持人民公仆本色。

坚持自我革命、保持清正廉洁的人，为无所求而快乐；贪婪不止的人，为物欲不能满足而忧伤。"知足天地宽，贪得宇宙隘。"一个人如果欲望太多，就缺少智慧与灵性，就会蒙受损失。猛兽易伏，人心难降。倘若一个人处处以"足"为目标不懈追求，那么他将永远不满足。钱财是身外的，美色是有害的，权位是暂时的。想清楚了这些根本问题，才能够在生活圈、工作圈、交际圈中提高自控能力，过好名利关、金钱关、美色关。良田万顷，日食不过一升；广厦万千，夜卧不过八尺。高飞之鸟，亡于贪食；深潭之鱼，死于香饵。

过分贪婪，将金钱多少、权力大小当作幸福指数，就容易擅权谋私，贪污受贿，走向犯罪。一些人以金钱为目标，一心想着的是"拿来"，不择手段地掠取、占有，金钱多了还要再多，如此纵欲无度会搅乱内心世界，已有的尊严、恪守的原则、追求的理想，都会在膨胀的贪欲面前垮掉，心无良知，不仁不义，目无法纪，会感到心灵不自由、不愉悦，争逐和烦恼永无休止。

清正廉洁，是仁者之德、从业之本，是为民谋利的秉政基础，关系到领导干部的政治生命、人身自由和家庭幸福。社会是纷繁复杂的，拜金主义、享乐主义、极端个人主义的思潮，封建颓废的"升官发财，封妻荫子，光宗耀祖""人为财死，鸟为食亡"的灰色思想，随时随地在影响人、腐蚀人、诱惑人。少数党员干部蜕变为腐败分子和反面教员，他们的教训全体党员及领导干部应引以为戒。

一个人廉洁上不过关，根源在于思想不正、作风不纯。"清心为治本。"做到"清心"，就要心中有戒，亦即人们说的禁戒，即管束自己的行为、语言、思想，不出现过失。腐败是党性不纯的表现。一个人如果以金钱本身或者它带来的奢侈生活为人生主要目标，他就是一个被贪欲控制的人。"破山中贼易，破心中贼难。"党员干部心中的"戒"，是其为人处世、干事创业要坚守的理想信念和道德法律底线。能够确保始终远离腐败的"戒"，不是一时之戒、一事之戒，而是在心中扎根的戒，是坚强的定力。

廉洁也是一种幸福。做人清白，不贪不占，就无"半夜敲门"之惊和"东窗事发"之忧，活得坦荡泰然，心底无私天地宽。谁把贪纵踩在脚下，谁就把正义扛在了肩上。

莫让平流有沉沦

晚唐诗人杜荀鹤曾作《泾溪》提醒人们："泾溪石险人兢慎，终岁不闻倾覆人。却是平流无石处，时时闻说有沉沦。"泾溪（今安徽泾县西南）水流湍急，石头嶙峋，船夫经过泾溪这个险要之处，谨慎防范，因而能平安度险。然而，到了"平流无石处"，往往思想产生了麻痹，容易在那些不注意的地方"翻船"沉没。短短28个字，包含着深刻的人生哲理，时刻提醒人们在人生的道路上要时刻保持谨慎，不忘初心，拒绝沉沦。

不要认为事情不大就可以不加警觉，不要以为司空见惯就可以随波逐流。《贞观政要》有言："天下稍安，尤须兢慎；若便骄逸，必至丧败。"倘若只看到"平流"的风平浪静，却觉察不到浪花下面还潜伏着漩涡逆流，将招致失败。在现实生活中，如果不"兢慎"，目中无人，"官升脾气长"，不把党纪国法当回事，对自己的生活情趣、个人爱好恣情放纵，即使在

"平流无石处",也会沉沦的。

祸患积于忽微,小恶终成大疾;千里之堤,溃于蚁穴。如果没有党性原则的导航,人生便如一叶失去方向的小舟,终究会倾覆于汹涌澎湃的海洋。放弃执政为民的理念,便是自绝于党和人民,最终逃不脱正义的谴责和审判。当面对高墙电网失去人身自由之时,才倍感曾经拥有的东西多么珍贵。

某钢铁公司有个年轻领导干部原本很优秀,有高学历,提拔很快,春风得意马蹄疾,理应不忘初心,保持廉洁,不辱使命,但是看着身边接触的人,变成了"大腕""大款",由羡慕到追求,私欲极度膨胀,奢靡占了上风,被手中权力和阿谀、笑脸、奉迎、吹捧,弄得忘乎所以。有人送来大量贿赂,他欣然笑纳。而这些人请托办事时,他无原则地予以关照、协调,最终东窗事发。我们应以一些反面案例以及《泾溪》诗的深刻内涵作为警示,常怀律己之心,常除非分之念,时刻谨言慎行,遵纪守法,炼就"金刚不坏之身",走好人生之路。

在新的赶考之路上,要严格从日常小事做起,经常注意小毛病的修正。"舟必漏而后水入,土必湿而后苔生。"医生做手术,哪怕有一点点病菌没有消灭干净,也可能引起溃烂。因此,必须防微杜渐,慎始慎终。有的党员干部利用职权借公事之名行私事之实,用公款支付本应由自己承担的费用;有些党员干部犯错误先从小节上被打开缺口,公私不分、假公济私,自觉不自觉地逐渐陷落下去,从不注意小节发展到受贿索贿。

柳钢公司原党委书记、董事长梁某某因贪污、受贿、挪用公款等多项罪名，于2018年4月11日被南宁市中级人民法院一审判处有期徒刑20年，并处罚金85万元。这名曾获全国冶金战线劳动模范等殊荣的厅级干部，在功成身退前，栽倒在金钱堆里。忆往昔，居高官、领厚禄，荣誉加身；看今朝，吃牢饭、穿囚衣，身败名裂。这真可谓：一失足成千古恨，再回头已百年身。

贪欲过多，得陇望蜀，奢侈淫逸，是一种低劣行为，是衰败之气。少数党员干部明明进行的是私人活动，却编造理由、提供虚假材料、打通关节由公家买单，这是对人民赋予的神圣权力的滥用，必须坚决予以遏止。要加强重点岗位、人员的监察监督。出公差办私事的问题主要发生在手中有一定实权的党员领导干部身上。为此，必须区分重点人、关键环节、重要时间点，加强对党员领导干部的检查监督。

俭朴为宝养清廉

节俭，是品格的导师，它使精神和肉体都知道什么叫高尚。先秦儒、墨、道、法诸家都有主张节俭之言。"一箪食，一瓢饮"，不以为苦。"奢则不逊，俭则固。"孔子阐述了俭与奢对人的品德之影响，强调戒奢崇俭。奢侈挥霍会导致人的品格降低，狂妄而不谦逊。《孟子·尽心下》曰："养心莫善于寡欲。"事实上，一个人做到"寡欲"，退则可以安贫乐道，视富贵如浮云；进则廉洁奉公，勤政爱民。

人的一生应保持节俭戒奢这种美德，这是自身健康成长的内在要求，是促使不想腐的重要一招。以俭立德、廉洁从政，我们才能真正收紧自我约束。"居官之所恃者，在廉。其所以能廉者，在俭。"老子说："我有三宝，持而保之：一曰慈，二曰俭，三曰不敢为天下先。"为政者如果不俭则奢，欲壑难填，就会对民众过分剥削，势必造成饥寒交迫。清代名医石成金在《传家宝》中总结出"俭"有四益："养德""养寿""养

神""养心"。一个人节俭会受益多多，节俭之人治家会持之有
道，当官会清廉有名，治国会使百姓丰衣足食。

范仲淹是北宋官至二品的参政知事。有一年，次子范纯仁
准备结婚，列了一张很长的购物单给他看。范仲淹看后很不高
兴，训诫范纯仁："又是金银财宝，又是绫罗绸缎，岂不要挥
霍几千两银子？"范纯仁听父亲说这样的话很不高兴，嘟囔
道："花烛成婚乃人生大事，再说办得体面点也是为您增光。"
范仲淹一听大怒："我家历来以清廉节俭为荣，岂容你为图虚
荣而败坏我的家风！倘若你不听我的劝告，私自购买这些贵重
的物品带入家门，我将当着全家人的面把它们烧掉。"范纯仁
见父亲如此坚决，只好放弃，按照范家的传统，朴素、清简地
办了婚事。

英国萧伯纳曾说："节俭乃充分利用生命之艺术，崇尚节
俭乃诸美德之本。"清代钱泳说："惟俭可以惜福，惟俭可以
养廉。"婆罗门谚语说："俭朴是我们美德的可靠卫士。"法国
孟德斯鸠说："奢侈总是跟随着淫乱，淫乱总是跟随着奢侈。"
这些格言令人深思。

1936年，美国记者斯诺访问革命根据地延安时，从毛泽
东、周恩来、朱德等老一辈革命家俭朴的生活上，发现了一
种伟大的力量，斯诺称之为"东方魔力"。他断言，这种力量
是兴国之兆，胜利之本。党员干部带头发扬勤俭节约的优良作
风，以俭养德、以俭戒奢、以俭戒贪、以俭为荣，是抵制享乐
主义、拜金主义和奢靡之风的有力武器，是保持共产党人本色

的重要保证。

俭与廉，从来都是相互作用、互为因果的。坚守"俭"字，映照着党员干部的理想信念与精神追求，遏制着从事腐败活动的动机和心理需求。一些腐败分子正是由于丢弃了节俭的意识，纵容自己的私欲与贪念，突破了做人做事底线，触碰了纪律法律红线，结果一步步滑向了罪恶的深渊，最终害人害己，追悔莫及。

生活节俭不奢华，是一种德，是不想腐的题中应有之义。节俭，就不会追求那么多的物质享受，就不会沉溺于灯红酒绿、纸醉金迷之中，心灵深处总有一种质朴，进而培养出崇高的官德品质。节俭不仅是优良的消费观念，而且是善行中的大德。崇尚俭朴，力戒奢侈，是中华民族的传统美德。

生活俭朴不只是个人的私事、小事，而且是关系到党风、政风的公事、大事。在戒奢尚俭问题上，党员领导干部的行动就是无声的导向，上行就会下效，上不严则下无节制。上面漏下一滴水，下面就可能流出一桶水。作为党员领导干部，一方面要在节约一滴水、一度电、一张纸上做表率，另一方面要用铁的制度管住各种看得见和看不见的浪费，要在工作筹划、工作安排上始终坚持节俭的品德，尚俭戒奢、正风肃纪。这是一场价值观的较量，是一场精神家园保卫战。

永葆廉洁的政治本色，党员干部首先应从节俭做起，以节俭为荣，以奢侈为耻。在充满诱惑的世界里，保持俭朴，才能不被身外之物所役使和支配，才能依正道做人，将心思用在勤政为民上，专心致志地工作，增强克服困难的力量。党员干部一定要以俭养廉，把俭与廉看成一种素质、一种考验、一种责任。

摈弃享乐主义

享乐，顾名思义，就是享受快乐。人生不能没有快乐。但享乐主义将享乐看成满足人内心需求的过程，认为追求物质生活的享受是人生的唯一目的，使人一味地贪图享受。一些信奉享乐主义的官员为了达到享乐的目的，动用手中的权力贪污受贿来获得奢侈的物质生活。

云南省迪庆藏族自治州委原副书记许某，因涉嫌严重违纪违法，于2020年5月被开除党籍、开除公职。办案人员介绍，许某有强烈的"五名"情结：抽名烟、喝名酒、穿名牌、戴名表、坐名车。日常生活中，许某穿高档品牌服装，喝上千元甚至上万元的高档洋酒，抽上千元一条的高档香烟和几百元一支的高档雪茄，家中的名牌手表价值几十万元，长期使用两辆豪华越野车……

过分享乐对于人来说，是危险的东西。一位基层党支部书记在学习《中国共产党纪律处分条例》后，一直不理解一个问题。他在学习心得中写道："随着改革开放的深入和社会主义市场经济的发展，生活蒸蒸日上，我们的生活待遇相较于革命年代好多了，物质条件充裕了，现在老百姓吃个饭什么的都去饭店，花个几千的，我们为什么就不能去？我们花自己的钱想怎么吃就怎么吃，这难道有错吗，还要受到限制？"

对于党员干部的消费，群众中、社会上是有评价标准的。如果进行高标准或者挥霍性的消费，过分奢靡，哪怕用的是自己的钱，也会被认为不像党员干部。对有这种私生活的党员干部，党组织不能不管，更不能不予过问。

享乐主义者往往是"我"字当头，认为个人利益第一。一些党员干部在得到比较优越的生活条件之后，放松对自己的约束，一味追求更豪华、更高档的享受，是为享乐主义。享乐主义在行动中表现为自私自利、唯利是图、损人利己、损公肥私。一个只讲享乐、不愿奉献的人，是没有什么道德感的。当他们的享乐主义心态外化成实际行动，便是金表华服、珍馐佳酿、豪宅别墅、名车美人，是为奢靡之风。当个人利益与他人利益发生矛盾时，他们必然会不惜牺牲后者而满足前者，甚至为了满足自私的享乐心理而不择手段，把自己的快乐建立在别人的痛苦之上。更何况一些党员干部是用公家的钱，或者以"权力寻租"的方式买单，更应该受到党纪的处分。

要及时了解党员干部的思想、行为状况，抓早抓小抓经常。对党员干部身上的"小"问题早发现、早规诫，要落实好廉洁谈话、廉洁教育要求，在职务晋升、岗位调整、婚丧事宜以及中秋、春节等重要节点，及时进行谈话提醒；经常开展严肃健康的党内组织生活，勇于触及矛盾，敢于指出问题，引导党员干部清扫思想灰尘、纠正自身错误。

新中国成立70多年来，物质条件充裕了，许多人的生活水平较之于革命战争年代好多了。老百姓吃顿饭可以去饭店，党员领导干部也是社会成员，当然也可以去。但是党员领导干部不同于群众，如果过分奢靡，放弃勤俭节约、艰苦奋斗的优良作风，就不是一名真正的共产党员。

享乐主义是艰苦奋斗的大敌。习近平总书记多次强调，要坚持勤俭办一切事业，坚决反对讲排场、比阔气，坚决抵制享乐主义和奢靡之风。要大力弘扬中华民族勤俭节约的优秀传统，大力宣传节约光荣、浪费可耻的思想观念，努力使厉行节约、反对浪费在全社会蔚然成风。

2024年1月1日起施行的《中国共产党纪律处分条例》第一百五十条规定："生活奢靡、铺张浪费、贪图享乐、追求低级趣味，造成不良影响的，给予警告或者严重警告处分；情节严重的，给予撤销党内职务处分。"

由此可见，党员干部尽管是花自己的钱，但并不能想怎么做就怎么做。如果被认定为"生活奢靡、铺张浪费、贪图享乐"，并"造成不良影响"，就要受到纪律处分。一些人刻意安排一些高规格的宴请或者旅游、健身、娱乐等活动，往往就是看重了党员干部手中的权力，希望借助党员干部手中的权力来达到某种目的，实现某些利益。对这种活动，一定要慎重对待。由于这种活动常常都是以朋友、同学聚会等名义举行，因此党员干部应仔细甄别。

部分党员领导干部因为精神颓废，淡化了责任心和事业心，作风漂浮，得过且过，敷衍了事，形式主义、官僚主义严重，甚至沉溺于吃喝玩乐之中，导致腐化堕落、贪污受贿。那些利欲熏心、胸无大志、凭借投机钻营显赫一时的贪腐分子，则多以穷奢极欲、暴殄天物为能事。骄奢淫逸，贪财好色，要么为正义所讨，要么为同伙所嫉，要么在权势之争中落败，终究要自食恶果的。

一方面，应树立科学高尚的人生观，发扬艰苦奋斗的优良传统，有效防止铺张浪费，适可而止，不被物质享受的欲望所诱惑；大力提倡社会主义核心价值观和发扬中华民族优良传统，以艰苦奋斗、勤俭朴素为荣，视享乐主义、奢侈挥霍为耻；倍加珍惜资源，厉行节约，勤俭办事，真正做到有权不忘责任重，位尊不移公仆心，慎独慎微，重小处、重细节、重微末，坚守正道、弘扬正气，始终保持清正廉洁的政治本色。

另一方面，在制度上对那些挥霍浪费、贪图享乐的党员领导干部进行防范、制约。要逐步完善制度体系，杜绝制度漏洞，强化制度执行，要加大巡视监督力度，坚持用制度来指导和规范行为，促进党员干部自觉发扬艰苦奋斗、勤劳节俭的作风。党员干部要带头遵守制度，特别是要严格执行廉洁从政准则。

呵护心灵的桃花源

淡泊，是清简素朴、恬淡寡欲，是心理养生的免疫剂。淡泊是孔子的"不义而富且贵，于我如浮云"，是庄子的"君子之交淡如水"，是诸葛亮的"鞠躬尽瘁，死而后已""不求闻达于诸侯"。有了淡泊心态，才能真正体会到"采菊东篱下，悠然见南山"的意境；有了淡泊心态，才能待人平等，对人平和。

曹植《蝉赋》云："实淡泊而寡欲兮，独怡乐而长吟。"白居易诗云："水能性淡为吾友，竹解心虚即我师。"以淡泊为怀处世，洒脱为人，使人知足心常泰、无求品自高。

常怀淡泊心态，才能"不以物喜，不以己悲"。无论成与败，都能坦然面对；无论得与失，都能心平气和。得意之时淡然，失意之时坦然，始终保持心灵上的纯洁和精神上的愉悦。

淡泊，是人生历练的结局。曾子有言："欲修其身者，先正其心。"杜甫诗云："无言无语晚风中，淡泊一生甘始终。

莫道风流难与共，千古高风有谁同？"白居易诗云："枕上愁烦多发病，床上欢笑胜寻医。"梁漱溟一生淡泊，品德高尚，他的人生观就是"无我为大，有本不穷"。他说："情贵淡，气贵和，惟淡惟和，乃得其养；苟得其养，无物不长。"

淡泊者包容万象、谦谦于怀。遇喜怒哀乐，皆泰然处之；均受之如饴。遇到讥讽、打击时，不必太介意，采取低调策略有利于化解矛盾和敌意，为自己留下回旋余地，同时保持了良好的情绪、轻松的心态，从而获得心灵的充实、自由、纯净。要按自己的生活方式有尊严地活着，视富贵如浮云，淡化和消除官本位思想，勤勤恳恳工作，老老实实做人，不必刻意渴求职位、权力，不要为追逐一官半职而丧失人性中最本质的东西，不要对上一级官员卑躬屈膝、刻意奉迎而丢了人格。

淡泊，是保持心灵崇高、做最好的自己之基石。置身喧嚣的世间和复杂的关系，遇事有静气，泰然自若，有一颗平常心，依然坚守心灵的一方净土。保持这种静气和平常心，拿得起放得下，是发自内心的大度与宽容，是不计得失、坦然面对失败的胸襟，需要长期郑重的修炼。要淡泊名利，始终以平常心对待职务待遇，做到知足常乐；要有"得一官不荣，失一官不辱"这般平常心，不为物欲所诱，不为美色所迷，不为享乐所惑。

不能把功名看得很重，切莫为职务没晋升而跟自己过不去，自寻烦恼发怨言。在某些岗位，党员领导干部的成长进步与职位提升成正比，但也有一些党员领导干部很优秀、工作业绩很突出，由于受到一些其他因素的制约，如编制体制、班子搭配、任职年限、素质特点、岗位需要、单位风气等因素的影响，没能得到职务晋升。对此，要平静对待，淡泊处理，顺其自然，随遇而安，不要劳心费神、刻意追求，更不能忘记初心、自暴自弃，挖空心思、削尖脑袋到处跑官要官，丢了自己的人格。有的自知提拔无望，精神不振，得过且过，工作上不作为；有的对组织的工作安排不满意有抵触情绪，甚至消极怠工，或放松了自律的要求，以权谋私利。这些思想和行为与"不忘初心、牢记使命"的要求格格不入，与党章的规定背道而驰。

面对社会深刻变革，各种各样的诱惑明显增多，没有一颗淡泊之心，就无法做到镇定自若。《菜根谭》有言："胸中即无半点物欲，已如雪消炉焰冰消日；眼前自有一段空明，时见月在青天影在波。"党员领导干部一旦被非分欲望所左右，就可能走不出以权纵欲、贪污腐化的怪圈。

保持淡泊心态，是一种可贵的精神。要努力做到在生活上不奢望、不攀比，不拿别人的错误惩罚自己，放弃心中难言的负荷，删除阴暗的心理，放下巧伪的面具，光明磊落，对人敞开心扉，心存善良，以他人之乐为乐，常有欣慰之感。在淡泊中坚定志向，在高处中让思维翱翔，会使整个身心得到解脱，沉浸到轻松、平和、宁静之中，你便能豁达豪爽，保持乐观、豁达、进取的心态，不辱使命，奋然前行。

追求健康高雅的生活情趣

生活情趣是人们对待生活的态度和志趣，是人生的组成部分。一个人的生活应该是丰富多彩、充满情趣的。情趣有雅俗之分、高下之别。健康高雅的生活情趣，是文明的、科学的，体现社会生活的新观念、新习惯、新风尚，有益于开阔视野、身心健康，在一定程度上体现出一个人的品行和修养，催人上进，使人奋发。英国教育家斯宾塞说："没有油画、雕塑、音乐、诗歌以及各种自然美所引起的情感，人生的乐趣就会失去一半。"保持作风纯洁就要做到生活正派、情趣健康。低俗的生活情趣，则是滋生拜金主义、享乐主义、极端个人主义和颓废腐败的土壤。

党员领导干部的生活情趣是高雅、高洁、高尚的，还是庸俗、低俗、媚俗的，决定其精神追求。生活情趣是一种生活追求，更是一种精神力量。积极有度的情趣爱好，反映了其日常生活中的价值取向，是生活的"润滑剂"，是工作的"减压阀"，对工作起到促进的作用。党员领导干部有什么样的生活情趣、生活格调和生活品位，可以从侧面反映出他们的价值观，可以判断他们的境界、品位和气质，能够看出他们对工作、对事业的基本态度。健康高雅的生活情趣，有助于提升自身精神境界，增强抵制诱惑的定力。党员领导干部如果没有健康高雅的生活情趣，就有可能在糖衣炮弹面前丧失自我。

一些领导干部原本都能洁身自好，然而面对诱惑，他们幼稚地大言不惭地说"美女投怀送抱纯属个人行为"，还说什么"领导干部也是人，也有七情六欲，也需怡心养性"。他们挥霍公款、花天酒地、依香偎玉的低级情趣，败坏党风民风，贪腐现象也因此滋生。

党员领导干部的生活情趣是八小时工作之外的"小事"吗？不是！是关乎"修身、齐家、治国、平天下"之大事。大量事实表明，生活情趣健康与否，往往影响着党员领导干部的事业发展和人生轨迹。一些党员领导干部原本很优秀，后来怎么成为"阶下囚"了呢？其重要原因是不在意吃喝玩乐这些"小事"。道德大坝一旦打开了缺口，就一发不可收拾。可见，生活情趣如何，往往决定了党员领导干部追求做什么样的人、干什么样的事，崇尚什么、摈弃什么，对不良现象、不良风气有无免疫力所产生的影响是很大的。

培养健康生活情趣，要守住贪欲之门，金钱面前不伸手，美色面前不动心。要防止不加辨别、纵情沉迷，盲目"陶陶然乐在其中"，要切实把高尚的精神追求内化为自己的生活态度和生活方式，培养高雅向上的兴趣爱好，摆脱低级趣味；对个人爱好要爱之有度、好之有道，谨慎选择、有所节制，防止玩物丧志，防止个人的爱好成为不法商人攻击的缺口，成为一些别有用心之人投其所好的目标或拉拢腐蚀的软肋。很多落马者，最初都是被人从其喜好入手而攻破的，由此一步步陷入泥淖而不能自拔。

将兴趣爱好与个人修养联系起来。习近平同志指出："在当前复杂的社会环境下，各级领导干部要加强思想道德修养，注重培养健康的生活情趣，正确选择个人爱好，慎重对待朋友交往，明辨是非，克己慎行，讲操守，重品行，时刻检点自己生活的方方面面，始终保持共产党人的政治本色。"一定要爱之得当、好之高雅，爱之有道、好之有度，使其有利于陶冶情操，完善人格，努力做一个高尚的人，一个纯粹的人，一个有道德的人，一个脱离了低级趣味的人，一个有益于人民的人。

同志之交清若泉

"同志"一词,是志趣相同、志同道合之意。以"同志"相称,彼此之间都满含着尊重和认同。思想投向、价值取向、奋斗方向一致,坚守同一的理想信念,为民族复兴的共同事业而奋斗,才称得上"同志"。春秋时期左丘明说:"同德则同心,同心则同志。"《后汉书》说:"所与交友,必也同志。"

党是志同道合者的联盟;党内一律称同志,是我们党的一项政治规矩。早在1920年,毛泽东和蔡和森在通信中就以"同志"相称、相勉。1921年,中国共产党一大党纲规定:"凡承认本党党纲和政策,并愿成为忠实的党员者,经党员一人介绍,不分性别,不分国籍,都可以接收为党员,成为我们的同志。"这是中国共产党在正式文件中最早使用"同志"一词,并赋予其新的含义。1978年12月,党的十一届三中全会公报再次指出:"全会重申了毛泽东同志的一贯主张,党内一律互称同志,不要叫官衔。"党内互称同志,也使得"同志"这一称呼在群众中传播流行，深受认同。

随着社会生活的丰富、多元，一些人模糊了认识，"同志"称呼使用逐渐减少，即使是在党代会、党委会和组织生活会、民主生活会这样严肃的党内政治生活中也很少称"同志"。本在一起工作的同志，大家走到一起，同在一片蓝天下，朝夕相处，工作交往频繁，但相互之间却如同雾里看花，模模糊糊、朦朦胧胧，关系变得微妙而复杂。在一些单位，功利交往很有市场，形成了微妙复杂的关系网，肝胆相照成为奢谈，忠言诤友不见踪影，本该清爽、规矩的同志关系、上下级关系变得混浊不清，致使有的领导干部迷失方向，权为他所用，乃至丧失官德，走向职务犯罪的不归之路。

中国共产党是马克思主义政党，不同于历史上的朋党乡党、会党帮会。"同志"二字道尽了共产党人干事创业最纯粹的关系。同志关系不是以各种私人关系为链条的"圈子"，也不是商品交换的关系。

有些单位派性严重，亲亲疏疏，拉拉扯扯，扭曲了正常的同志关系。有的党员领导干部凭借手中的权力，无视规矩和程序，以言代法，要求下级办违反党纪国法的事情。有的在党内称兄道弟，有的将党内称呼市场化（如称老板），有的将党内称呼江湖化（如称老大），搞人身依附关系。一些党员干部甘当"家臣"，将党内同志关系庸俗化，损害了党内民主和党的整体形象，不利于党内政治生态的净化。有的利用干部岗位交流等机会，将"圈里"兄弟调任到重要岗位。长此以往，组织原则、政治规矩、纪律意识被抛之脑后，破坏了党内政治生活，助长了庸俗势利的不良风气。

同志之间关系清清爽爽，就是明明白白、坦坦荡荡，无不可告人的秘密，无拉拉扯扯的暧昧，无利益交织的混沌，无钩心斗角的龌龊。邓小平说过："上级对下级不能颐指气使，尤其不能让下级办违反党章国法的事情；下级也不应当对上级阿谀奉承，无原则地服从，'尽忠'。不应当把上下级之间的关系搞成毛泽东同志多次批评过的猫鼠关系，搞成旧社会那种君臣父子关系或帮派关系。"《关于新形势下党内政治生活的若干准则》规定："坚持党内民主平等的同志关系，党内一律称同志。""规范和纯洁党内同志交往，领导干部对党员不能颐指气使，党员对领导干部不能阿谀奉承。"2016年6月28日，习近平总书记在中央政治局第三十三次集体学习时指出："倡导清清爽爽的同志关系，规规矩矩的上下级关系。"这些明确要求可谓振聋发聩、意味深长，折射出党内生活的民主气氛。清清爽爽的同志关系、规规矩矩的上下级关系，是党内政治生活健康规范的重要保障。

党员领导干部岗位不同、职务有高有低，只是工作分工不同，没有高低贵贱之分，人格是平等的，本质上是民主平等关系，处于平等地位、享有平等权利。党员领导干部要坚持党内平等，应当平等相待、一视同仁，平等享有一切应当享有的权利，履行其一切应当履行的义务。正如《关于新形势下党内政治生活的若干准则》所要求的那样："必须尊重党员主体地位、保障党员民主权利。"领导干部过于看重自己的头衔、过于在意官职称谓，就容易滋生官僚主义。我们既然是一条战壕里的战友，就要做肝胆相照的同志，不可高人一等、目空一切，不宜以势压人、盛气凌人。

称呼里面有党性、有形象。一声"同志"，凸显的是对权力的约束和对理想信念的坚守。革命战争年代，一声声"同志"的称呼曾给予每名党员莫大的鼓舞和坚定的信心。如今，新的长征路上任重而道远，仍然需要每一名党员同心同德、同向同行，认清小圈子、小宗派的危害，强化党性意识和规矩意识。我们既然是理想远大的革命队伍，就要坚决摈弃江湖义气，不搞吃吃喝喝、亲亲疏疏，大家都要清清爽爽地共事，明明白白地做人。

君子之交淡如水，同志之交清若泉。如果说自然生态要山清水秀，那么政治生态也要山清水秀。作为"关键少数"的领导干部，对同志称呼要内心认同，欣然接受，展现民主作风，警惕阿谀奉承，养成习惯，形成氛围，以上率下，营造风清气正的从政环境，推动党内政治生态向上向好。

树立正确的亲情观

　　家庭是社会的细胞，是人生的第一所学校。在中华文化传统中，"家"具有独特的地位。中华民族历来强调个人、家庭和国家的有机统一，有"修身、齐家、治国、平天下"的说法，先哲非常看重修身、齐家对治国、平天下的重要性。齐家是治国的前提，修身是齐家的基础。国风之本在家风，家风之本在修身，有良好的家风才会形成良好的党风、民风，而在其中起重要作用的就是各级领导干部。领导干部修身与治家、理政不可分割，既要管好自己，清廉为政，带好领导班子，还要贤明治家，树立良好家风，管好配偶、子女和身边工作人员。

　　党员领导干部的良好家风，是不忘初心的默默坚守，是关系清正廉洁的大事，也是一个社会的价值缩影。家风传统延绵不衰，给予一代代仁人志士建功立业的精神动力。在波澜壮阔的百年历史进程中，一代代中国共产党人树立的淳厚家风，已成为广大党员干部廉洁修身、廉洁齐家的传家宝。李大钊一生俭朴、廉洁清正，还在日常点滴中教育影响孩子，其子孙后代一直传承着他留下的清俭家风，并不断发扬光大。好的家风如同无声的教诲，助人立德立言、成人成才，让人铭刻在心、受益终身。

主管国家经济工作长达26年的李先念同志，不许孩子经商。时至今日，李家的四个子女没有一个人"下海"。李先念同志的小女儿李小林说："父亲教育子女非常严格。他对外人比对我们宽容。父亲就是要求我们做普通人的工作，不要去追求当官，不能赚钱，更不需要出名，把工作做好就行了。这就是我们的家风。"

家庭是人生的第一所学校，而家风家教则是价值观养成的"第一粒扣子"。家风正则民风淳，民风淳则社稷安。良好家风既是砥砺品行的"磨刀石"，又是抵御贪腐的无形"防火墙"。家风是道德品质的世代积累，是嘉言懿行的代际沉淀，流风余韵，代代不绝，成为一个人精神成长的母体。节俭的家风使人清廉，勤奋的家风促人进取。习近平总书记在2015年春节团拜会上的讲话中强调："不论时代发生多大变化，不论生活格局发生多大变化，我们都要重视家庭建设，注重家庭、注重家教、注重家风。"

党员领导干部管好家属和管好自己同样重要。立家训家规可以看作是对党员领导干部亲属的一种精神上的"硬约束"。家风纯正是干事创业源源不断的正能量，家风腐化则是为人处世难以承受的负资产。家风正则作风淳，就能为廉洁奉公提供精神支撑；家风不正、家教不严，家属亲属相互影响、恶性循环，最终会突破法治的底线，走向腐败的深渊。家风是反映政风的多棱镜。好家风是阳光，呵护幼树可参天；坏家风是恶土，好种也会长歪苗。

能不能过好亲情关，能不能抵御"枕边风""膝下雨"的侵蚀，是个很现实、很严肃的考验。沐浴着谦虚谨慎、律己以严的家教熏陶，会多一些手握戒尺、心存敬畏的自觉；成长于克勤克俭、崇俭抑奢的家风环境，会多一分厉行节俭、反对浪费的主动。党员干部个人的行为是家风的重要源头，会对家人亲属产生重要的导向作用。一些意志薄弱的领导干部的亲情观发生了严重扭曲，经不起"枕边风""膝下雨"的侵蚀，凭借党和人民赋予的权力为亲友谋取私利，你器重我的亲友，我关照你的眷属。在以个人利益为半径的人情交往圈中，渐渐地疏远了对人民之情、淡漠了对群众之爱，渐渐陷入了腐败的泥淖，最终身败名裂，教训极为深刻。

有的领导干部在亲属的支持、怂恿甚至责难下放弃原则，索贿受贿；有的领导干部对配偶、子女及其他亲属所实施的有悖党和国家利益的行为，没有直接参与，但并非不知，而是虽知却不予劝阻，不问是非，姑息纵容，听之任之，构成了事实上的支持、怂恿，最后殃及自身；有的领导干部背后出主意，配偶出面上蹿下跳，对上门"进贡"者，配偶出面接收贿赂。

清廉是从政的"护身符"，也是给家人最好的馈赠。领导干部关心家人、帮助亲人都是人之常情，但不能让亲情凌驾于原则之上，更不能搞"一人得道，鸡犬升天"。

对于共产党员特别是领导干部来说，不徇私情，秉公办事，是最基本的要求。老一辈无产阶级革命家是以身作则、涵养家风的典范。毛泽东把处理亲情问题的办法归结为三原则：恋亲不为亲徇私，念旧不为旧谋利，济亲不为亲撑腰。这些原则为共产党人的亲情观作了最好的诠释。

1946年毛岸英回国后，毛泽东坚决不让他担任领导职务，而让他去陕北农村上"农业大学"，后到北京机器总厂上"工业大学"。1950年，毛泽东发出"抗美援朝，保家卫国"的伟大号召，他心爱的长子毛岸英报名要求参军。入朝30多天，28岁的他壮烈牺牲。

周恩来一贯注重修身齐家，特意为亲属制定了"十条家规"：一、晚辈不准丢下工作专程来看望他，只能在出差顺路时去看看；二、来者一律住国务院招待所；三、一律到食堂排队买饭菜，有工作的自己买饭菜票，没工作的由总理代付伙食费；四、看戏以家属身份买票入场，不得用招待券；五、不许请客送礼；六、不许动用公家的汽车；七、凡个人生活上能做的事，不要别人代办；八、生活要艰苦朴素；九、在任何场合都不要说出与总理的关系，不要炫耀自己；十、不谋私利，不搞特殊化。这"十条家规"既是周恩来对亲属的具体要求，也是严格自律的真实写照。

党员领导干部要树好家风，管好家人，处好家事，用心经营好家庭生态。清正廉洁是共产党人生命中最圣洁的精神高地。作为党员干部，一定要注意维护自身的形象，加强对家属的教育，严格约束他们的言行。对配偶的错误言行，及时提醒，帮助他们明辨是非，摈弃不义之财，莫拿非法之利。这才是真爱，才是爱到了心里。注重收集古往今来好的家训家规家诫，结合法律法规，制定个性化家训家规家诫，定期组织家庭成员立家训、学家规，确保好家风养成，严以身传。

以好家风来涵养好政风，要乐于践行。正所谓"言贵行，行方是道，不行，虽讲无益"，践行最重要，而关键在于要加强党性修养，保持高尚情操。"子帅以正，孰敢不正？"领导干部要严以律己，对自身行为上的"小病灶"及早治疗，对家庭中的苗头性问题早发现、早警醒、早纠正，把"没事"当"有事"来看，把"小事"当"大事"来管，积极涵养、倡导和引领好家风。应当经常反躬自问：加入共产党是为了什么？当干部应当做些什么？给子女留点什么？端正感情趋向、思想投向、奋斗方向，树立正确的世界观、权力观、事业观，学习践行社会主义核心价值体系，立鸿鹄之志，养浩然之气，权为民所用，情为民所系，利为民所谋。

㊿㊿㊿㊿ 阅 读 延 伸

太守悬鱼鉴古今

《楚辞·卜居》中有"宁廉洁正直以自清乎"，意为以廉洁正直使自己保持清白。孔子说："不降其志，不辱其身。"散布在各种典籍中的诸如冰清玉洁、清风劲节、两袖清风、高风亮节、清廉正直、清新俊逸等词语，均以"清"为美，以"清"为贵，体现了清操自守的价值追求。

东汉时，羊续（142—189）是名门之后。父亲羊儒在汉桓帝时官至太常，负责朝廷礼仪。由于其父的恩荫，年轻的羊续官拜郎中，官至庐江太守，领兵镇压了南阳的赵慈叛乱，为百姓办了许多好事，后被提拔为南阳太守。羊续布衣简从，只带一名书童，坐着牛车，风尘仆仆到南阳赴任。身为一郡最高长官，羊续施政清平，为官清廉，从小节做起，府中资藏只有布衾、盐、几斗米，吃的是粗茶淡饭，穿的是破旧衣服，外出乘坐的是瘦马拉的破车。

南阳有许多权豪之家，生活奢侈，相互礼贿，作为地方长官，羊续非常痛心，下决心要以自己的勤俭来抵制浮华的社会风气。有一次，有个下属焦俭见羊续生活清苦，便给他送了一条活鲤鱼。羊续深知"千里之堤，溃于蚁穴"之理，不便当面谢绝好意，无奈地"收下"。等焦俭一走，便让人把鲤鱼挂在府邸屋檐下，没过几天，就成了枯鱼干，在屋檐下飘来荡去，羊续也不让人取下。

过了几天，焦俭又笑嘻嘻地拎着大的鲤鱼来拜访。羊续就领着他走到屋檐下，让他看上次送来的那条鱼，已经干枯了。焦俭领悟到太守给了他面子，婉转地拒绝了他，于是红着脸收起鱼退了出去，不敢再送了。从此，再也没有人敢给太守送礼了。在羊续的影响下，那些平时生活奢侈的官绅不得不有所收敛。在他的治理下，当地政通人和，一派清明。

羊续到南阳郡赴任太守时，只带一名侍从。妻儿一直住在乡下，过着粗茶淡饭的苦日子。有一次，其妻带着儿子羊秘，千里迢迢来探夫。羊续却闭门不出，让人打发娘儿俩回去。他的小屋只有一条粗布被、两件旧短衣和几升口粮。羊续无奈地说："我并非薄情寡义之人，但只有这点东西，拿什么养活得了你们母子？"妻子只好带着儿子返回老家。

羊续在南阳为官三年，家无长物，身无余财，两袖清风，做了大量让百姓拥戴、朝廷喜悦的事。后来，汉灵帝以羊续政绩卓异，想让他出任太尉之职。按照当时惯例，凡是升官至三公（东汉时太尉、司徒、司空称为三公，是辅助国君掌握军政大权的最高官员）的人，都要给东园衙门的官员捐献礼金千万钱，然后才能正式授官。朝廷还派中使加以监督。催交礼钱的中使所到之处，官员们都争相奉承，还要给予丰厚的礼物加以贿赂。这可绝对是一个没人敢得罪的肥差。

没想到，中使来到南阳郡后却受到了"冷落"：羊续只是让他坐在薄薄的席子上，开门见山地说："请奏明皇上，臣的全部资产，只有身上穿的这件旧布袍而已。"中使扫兴而去，羊续因此未晋三公，不久羊续便病故了，年仅48岁。府丞焦俭闻之悲痛不已，亲自为羊续治丧。一度曲解羊续的汉灵帝也闻之感动，敕令厚葬羊续。

唯有惠民不负民，去时还似来时贫。羊续悬鱼拒贿的典故，出于《后汉书·羊续传》，流传至今，成为官吏廉洁的美谈。明朝于谦吟诗称赞羊续："剩喜门庭无贺客，绝胜厨传有悬鱼。清风一枕南窗卧，闲阅床头几卷书。"羊续是封建社会的官吏，能廉洁奉公，洁身自好，表现了封建士大夫阶层中少有的气度和节操。这个经典的历史故事告诫人们：一旦为官，要时时刻刻严格要求自己，做一个为民称颂的清官好官。

和"悬鱼太守"这一佳话并美的还有"暮夜却金"的故事。范晔《后汉书》载：东汉安帝年间，杨震（字伯起）任东莱郡（今莱州市）太守，选贤任能，见王密才华出众，荐为昌邑县令。密感恩而报之，一晚，特备礼拜谢。震曰："吾知汝，汝何不知吾？"密答："恩师非外人，薄礼不成敬意，何须客气。再则夜无人知。"震愠色道："汝顶天而来，天知，踏地而来，地知，将礼于吾，你知我知，何谓无人知晓？"密羞惭而退。

应学习古人"悬鱼""暮夜却金"，清醒认识到权力是人民赋予的，是用来为人民服务的工具，认认真真做事，把人民赋予的权力用好。小事、小节从来不小，发展下去可能成为大事、大节。"好的开始是成功的一半。"一开始就能坚持原则，以后就比较容易把握自己。要从领导活动的细节、小节上严格自律，除了谨慎用权力为党和人民办事、正当享有自己的一份利益外，决不能用自己手中的权力谋取不正当的利益，坚决杜绝讲排场、比阔气、挥霍浪费。

"从善如登，从恶如崩。"面对诱惑与考验，要保持清醒的头脑，淡泊名利，自省、自尊、自重，抵御各种诱惑，防止私欲膨胀，真正做到"绝非分之想，拒非分之物"，不为物欲所惑，不为一时的小利而失大义，在思想上筑起拒腐防变的防线，经受住一时一地、一生一世的考验，始终保持共产党人的两袖清风、浩然正气，为群众作出表率。